MIRALLES TAGLIABUE-EMBT

ITALO ROTA

DANIEL LIBESKIND

KENGO KUMA

ZAHA HADID

勒·柯布西耶

LE CORBUSIER

经典与新锐——建筑大师专著系列

勒·柯布西耶

【意】斯泰法尼亚·苏玛 编著

王 兵 译

杜军梅 校

中国建筑工业出版社

目 录

作品掠影

萨伏伊别墅，普瓦西

昌迪加尔行政首府，昌迪加尔

拉图雷特修道院，艾布舒尔阿布雷伦，里昂

朗香教堂，朗香

人之宅，瑞士

作品掠影　　　　　萨伏伊别墅，普瓦西

作品掠影　　　　　朗香教堂，朗香

引言

12 avril (2)
52

一个革命的建筑师

　　复杂的人物，非凡的创意天才，古怪的自由精神，勒·柯布西耶（1887-1965），原名查尔斯-爱德华·纳雷，被认为是20世纪最重要的建筑师，以及现代运动最有影响力的代表。"勒·柯布西耶"是一个几乎可以涵盖20世纪早年间关于各种建筑经验的词条，它代表着全新的手法特征、绝对理性的元素以及众多建筑师所呼吁的"简洁"——这些建筑师包括阿道夫·鲁斯（1870-1933）、格罗皮乌斯（1883-1969）和路德维希·密斯·凡·德·罗（1886-1969）。

建筑师的成长

　　勒·柯布西耶于1887年10月6日出生在瑞士的拉绍德封，一个19世纪的群山环绕的采用正交布局的城市，其严谨性和重复性一定对年轻建筑师城市观念的形成产生了影响——城市应该建立在理性的几何秩序基础上。同样的，家庭环境也对他形成了根本影响。母亲是一个音乐家，对音乐的数学性质与舞蹈表现非常感兴趣；父亲是一个信奉加尔文主义的手表雕刻师，全心投入苦修的践行——这一定影响到了勒·柯布西耶对诗意建筑的定义。我们也可以将其概念的形成追溯到幼儿时期。在一所幼儿园里，小爱德华玩过福禄贝尔积木——一种简单的、没有装饰的模块化木积木。它主要由柏拉图体（包括立方体、球体、圆柱体、金字塔和圆锥体）组成。这些可以被确定的早期经历提供了一条路径，引导他做出了最著名、最鼓舞人心的建筑定义之一，即"形体在阳光下智慧、正确和伟大的表演……其之所以伟大是因为可以被清晰地解读"——30年后（1923）他在著作《走向新建筑》中写道。

　　之后的岁月中，他参加了一所工艺美术学校的学习。起初他致力于绘画和雕刻，但很快表现出对立体装饰形式的强烈兴趣，而后转向建筑。他的老师查理斯·勒波拉特尼埃促进了这一转变。学校训练学生绘制一些以当地自然元素为灵感的饰品，柯布西耶被介绍到奥地利建筑师约瑟夫·奥夫曼（1870-1956）的工作室做学徒，但是他却拒绝了立刻追随青年风格（新艺术运动在德-奥的分支）的设计语言。转机出现在1908年与巴黎建筑师奥古斯特·佩雷（1874-1954）的相识。佩雷是他认识的第一个使用加强混凝土建造公寓的建筑师，该公寓建于1903年，位于富兰克林大街25A。在佩雷工作室，勒·柯布西耶工作了一年多。在此期间他了解了这种创新的建筑技术，而且了解到该技术的大开窗能够为建筑内部空间提供更多的空气和光线。为了进一步丰富在这方面的知识，在巴黎待了两年后，勒·柯布西耶前往德国，在德国伟大的建筑师彼得·贝伦斯（1868-1940）的工作室里工作了数月，贝氏设计过AEG涡轮车间（柏林电力公司）。贝氏工作室与现代建筑运动的另两位先锋密切相关，他们是格罗皮乌斯和密斯·凡·德·罗。基于工业建筑的功能主义与经典几何美学的辩证分野已经存在，新的美学原则正在形成。通过德国钢筋混凝土建设大型粮仓和其他工业建筑，勒·柯布西耶建立了现代工程非凡成就的概念，他相信这就是未来建筑的材料与表现方式。他欣赏这种材料与结构的经济性、真实性与统一性，对其寄予厚望。

钢筋混凝土与纯粹美学

柯布西耶对钢筋混凝土工程实践的兴趣始于1914年与他的工程师朋友马克斯·杜波依斯（Max Du Bois）合作的多米诺住宅。该设计有着极端重要的意义，它展现出一些现代主义建筑的本质。多米诺是个采用钢筋混凝土的结构体系，允许独立的结构进行互相拼接。正如著名建筑评论家查尔斯·詹克斯所言，"多米诺结构体系是现代建筑的基本结构体系，它一直统治着建筑实践，直到20世纪90年代后现代非线性结构体系的出现。"这个系统规定下了的新的美学原则，诸如横向的长窗、自由的平面、自由的立面（或独立的支撑结构）、水平的屋顶。多米诺体系不单纯是建筑的基本单元，它也是构成城市的元素。事实上该体系很适合拼接，就像模块化的拼装玩具一样，几乎可以按照任何规则组合。多米诺在构思伊始就考虑了产品的系统性、经济性，使其可以广泛应用在城市的各个部分。

虽然多米诺体系没有实现其作者所希望的结果（即申请工业化大生产的专利），但它仍然是他最重要的设计之一，不仅因为它是房子的主体结构体系，更是体现了纯粹美学的基础原理与本质因素。勒·柯布西耶与法国画家阿梅代·欧岑方（Amédée Ozenfant）合作发展并阐述了这一美学，从1916年他搬到巴黎时已广为人知。

通过建筑以及绘画、雕塑的实践，纯粹主义的基础表现出对某些原则的尊重：使用简单的几何形体、近乎顽固的探求类似工业产品的简洁和对经典品质的

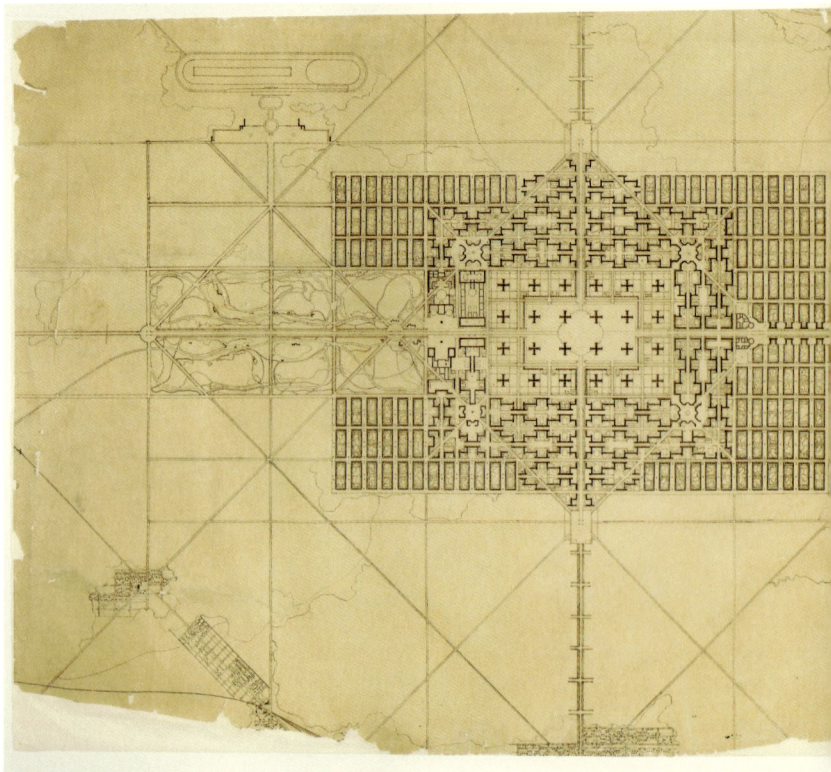

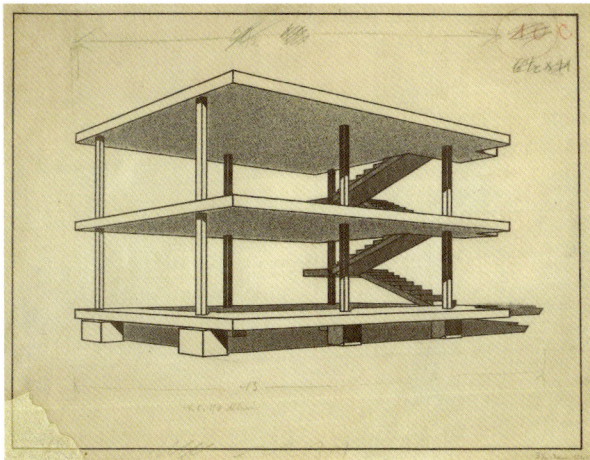

严格性于严肃性的执着。诗意的纯粹主义宣言由勒·柯布西耶和欧岑于1920年在《后立体主义》(*Aprés le Cubisme*)上发表。该文章出现在《新精神》杂志的第二期上。这是一本为了宣传与捍卫新风格的艺术与文学杂志，充分表达了与时俱进的革新精神。也是在这本杂志上，查尔斯-爱德华·纳雷首次使用勒·柯布西耶这个笔名。文中写道："我们采用纯粹主义这个词以表达现代精神的特点以及各科学与精密加工对效率的追求。这种精神展示了其发展方向：严密度、精密度、能源与材料的利用效率……总结成一句话：一种纯粹的倾向。"1919-1920年完成的雪铁龙（Citrohan）住宅，被认为是纯粹主义美学原则在建筑上的直接运用。这是一间横墙承重平屋顶的住宅，带有两层通高的客厅和一些大开放空间。建筑设计取法于希腊（其朴素的本质体现了年轻的勒·柯布西耶特定的道德判断），同时更体现出对工业产品的参照。该项目的材料组合与复杂的功能空间暗示着其目标在于"居住机器"的企图，一如其名称雪铁龙，让人联想到法国著名汽车品牌。雪铁龙住宅没有建成，但它却影响了勒·柯布西耶1927年为德意志制造联盟（一个为提升日常工业产品的品质而成立的德国的艺术家、工匠、企业家协会组织）在斯图加特魏森霍夫住宅展览的两座住宅。这个展览邀请了一批不同国家最著名的建筑师参与住宅设计。

勒·柯布西耶通过其项目与实践热切地呼唤"机器美学"，进行《走向新建筑》（1923）的写作，从根本上宣告一种新建筑形式的开始。书中既对工业产品，如轮船、汽车和飞机的美学与精确性大加赞赏，同时又以几何形、理性的新视角重新诠释了帕提农神庙。

新建筑的句法

之后，标准化住宅就像汽车流水线一样被大量生产，勒·柯布西耶有了继续实践其诗意的"纯粹"设计概念与建筑原则的机会。特别是1925年以后，一些资本家住宅提供了其实践几何元素、交错的功能空间、抽象的数学关系的机会。其中最著名的有两个郊区住宅：斯坦别墅（1926-1927）和萨伏伊别墅（1929-1930）。这两个别墅都来自现代艺术收藏家的委托，别墅体现了勒·柯布西耶"纯粹主义"阶段的设计巅峰水平。

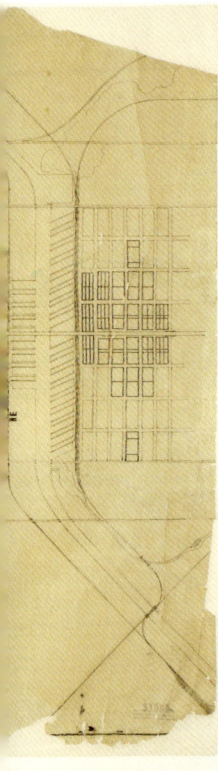

上图：多米诺体系，1929年

上图：萨伏伊别墅内院平台一景

下图：昌迪加尔高等法院设计透视图

尽管设计的有所区别，两个别墅都表现为白色方盒子与自由放置在空间中的其他实体相组合。不仅如此，整个设计体现了对笛卡儿坐标系的尊重和完美的理性色彩。建造模块既体现了多米诺结构体系的特点，也采用了由雪铁龙住宅发展而来的框架结构、悬挑楼板、横向长窗和承重的横墙。

两个别墅共同的特点是符合勒·柯布西耶早年间提出的新建筑的5点原则。通过这5点原则，这位瑞士—法国建筑师形成了新的建筑句法，为现代建筑提供了身份认定：

建筑由柱子支撑，使得首层平面从首层流线中解放出来；

自由的平面，其布局摆脱柱子或承重墙的束缚而获得独立；

自由的立面，从自由的平面中导出的建筑的垂直方向；

横向的长窗，基于独立的柱网框架结构，使建筑内部可以获得更多空气和光线；

屋顶花园，平屋顶的建筑呼唤屋顶花园的出现。

除了上面提到的这些特点，我们还可以轻易地识别出勒·柯布西耶的其他惯用手法，比如作为垂直交通组织的大坡道，容纳服务功能（主要是卫生间或阳光房）的曲线空间，纯白抹灰，两层通高的空间，靠近露台墙体上面对景观的大开窗。这些手法都在强调自然与人工的差别。

如前所述，这两个建筑代表了勒·柯布西耶纯粹主义时期的最高水平。在萨伏伊别墅建成后，他开始了建筑设计的新阶段。这在他的画作中，通过具象的元素率先表现出来，这些元素后来被命名为"诗意的对象"。

城市乌托邦

勒·柯布西耶重新思考家庭空间并开始寻找大规模低成本生产住宅的办法，表现出他对社会住宅的特殊敏感性。从多米诺结构体系起，他就站在城市的高度思考建筑的本质问题。1922年可以容纳300万居民的当代城市，证明了他超凡的发展城市建筑风貌的能力，和对人性化理想生活的追求。勒·柯布西耶定义了项目中能给人带来"本质快乐"的城市元素：阳光、空间和绿植。从他的观点来看，当代城市应该是以正交网格为组织结构，城市中心应该是60层高、十字塔楼的办公建筑，居住建筑是所谓的"花园住宅"，高度为10—12层，带有屋顶花园的复式公寓。城市的其他地方则覆盖着大面积的植被，不被打断的宽广道路分布其间。从勒·柯布西耶的构想中我们可以看到，之前因为破坏城市而饱受诟病的汽车，成为拯救城市病的工具。由此，勒·柯布西耶的名言"城市为速度而建即是为成功而建"就很好解释了。

1925年，当代城市模型随着巴黎瓦赞规划（Plan Voisin）再次被提出，以发展巴黎的汽车工业和瓦赞机场。在充满空想色彩的方案里，勒·柯布西耶用了18栋巨大的塔楼代替了原来塞纳河右岸密集复杂的城市肌理。真正革命性的高密度城市原型是1931年的光辉城市，一座似乎没有尽头的线形城市，分为平行区域：高层的办公楼，低矮的工业区和城中心的住宅区。这些区域被高速公路隔开，同时整个区域的绿化率高达88％。较之当代城市，光辉城市最大的创新之处在于住宅类型的设计。花园住宅被带露台的住宅取代，更经济、更适合大量建造，同时有利于保持住宅区的界面的连续性。这种新型的城市模型不但可以良好地实现住宅建筑本身，同时对街道有利。连续的城市绿化可以提供更好的步行活动。

受到线形城市原型的启发，在参观了里约热内卢之后，勒·柯布西耶提出了"高架桥城市"的构想。里约热内卢是一座带状的城市，延绵在大海与高山之间。参观了里约热内卢，几个月后又参观了阿尔及尔市，这位瑞士-法国建筑师提出了一个令人印象深刻的城市设计概念。一座带状的城市随海岸线蜿蜒，被无数住宅架起的高速公路形成了新的地标。这是勒·柯布西耶最后一个典型带有纪念情节的城市设想，此后的项目则减少了理想主义色彩，变得更加务实。直到1950年，勒·柯布西耶再次纠集之前纪念情节付诸被邀请设计的印度新城市昌迪加尔的总体规划中。

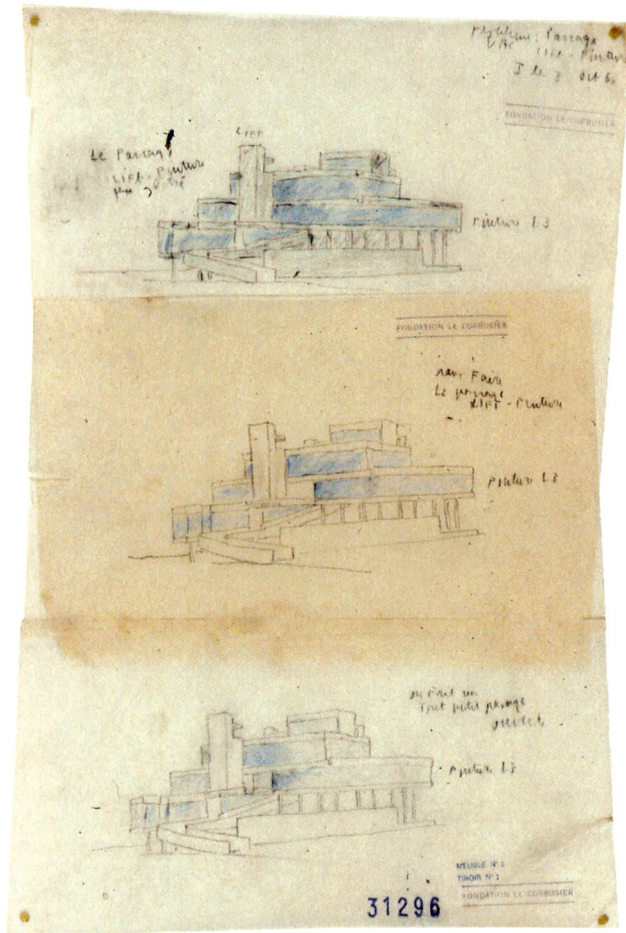

诗意的建筑

带有曲线与螺旋的里约热内卢和阿尔及尔城市意象方案，被认为是勒·柯布西耶诗意建筑的开始，随着对工业技术发展信心的丧失，其风格逐步放弃了抽象风格与纯粹美学。这种转变也在20世纪20年代末其画作中表现出来，其中第一次出现了感性的女性形象。由于重新启用自然法则和偏爱使用砾石、木材、混凝土等不加装饰的天然材料，因此得名"粗野主义"。正是这些原始材料的使用，成就了勒·柯布西耶建筑的"诗意表达"。换言之，自由形体的建筑完美地结合了各种元素。似乎这些元素可以自发地适应建造技术，并为先进原则所驱使。

新方向的首批建筑实践里，著名案例是1930年智利的伊拉苏（Errazuriz）住宅和1935年巴黎郊区的周末别墅。前者是一座由木材和石头建造的斜屋顶建筑，后者以素混凝土空间闻名。

粗野主义更为成熟与复杂的案例是1947-1952年建成的马赛公寓。这是一座由18层高、337个跃层住宅组成的建筑，以缓解第二次世界大战后住宅紧缺。建筑采用了勒·柯布西耶基于人体工程学的模数系统，用以协调各部分的比例关系。作为真正的"浓缩城市"，它给城市景观带来了强有力的纪念形象。建筑中不但包括为1600人提供的住宅，还包括一个商业中心、一个宾馆、一个包含了儿童游乐场的平屋顶。勒·柯布西耶通过其"比例人"表达了理想化的人体尺度和比例，建筑中的各类尺寸都遵循了人体尺度。

另一个可以集中反映勒·柯布西耶研究的建筑是20世纪50年代建在里昂附近的拉·图雷特（La Tourette）修道院（1953-1960）。在这个项目里，委托方的绝对理性与柯布西耶所谓的"玄妙空间"（塑造感情的容器）相结合，在使用光线与建筑材料方面取得了成功。建筑通过直透室内的光廊，使原本裸露的混凝土材料实现了诗意的表达。

但是，最能代表勒·柯布西耶"玄妙空间"的建筑是朗香教堂（1950-1955），建筑师充分利用了基地提供的肌理。关于这座建筑的隐喻，从耳朵到贝壳，被诸多评论家诠释过。在这个建筑中，所有元素重归感觉——宛如雕塑的建筑，通过四个控制点所产生的曲线，生成了一个体现宇宙本质的室内外空间。

由于其"极高的隐喻"、建筑语言组合和特殊的建筑规则，美国著名评论家查尔斯·詹克斯将朗香教堂称为"后现代主义的先驱"。如果这是事实的话，我们可以认为勒·柯布西耶是20世纪最重要的建筑运动先锋，同时也是他制定了建筑的法则。

马赛公寓设计透视图

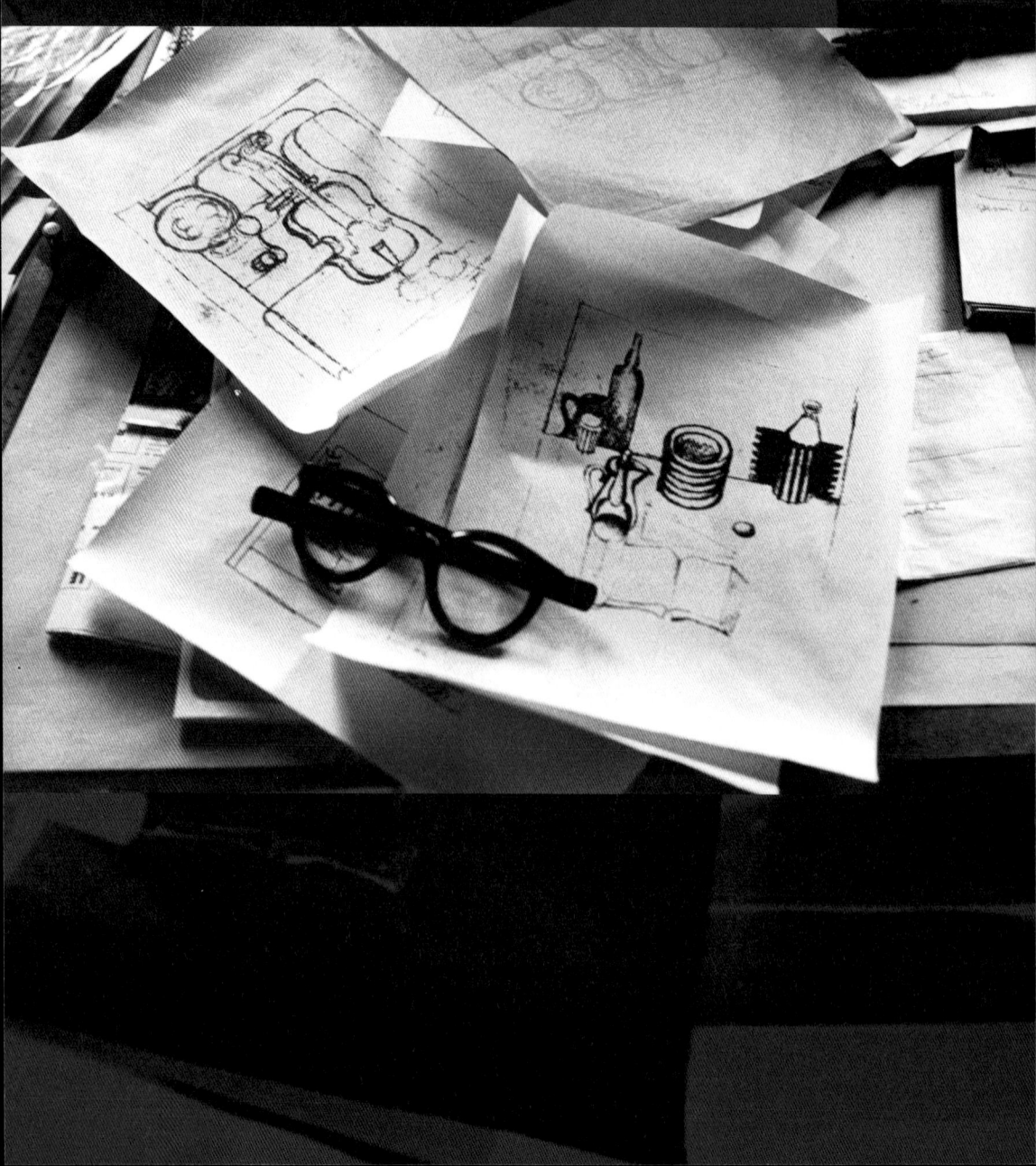

建筑师年表

1887　10月6日查尔斯-爱德华·纳雷（Charles-Edouard Jeanneret）出生于瑞士的拉绍德封市。他的父母是阿乔治-爱德华（Georges-Edouard）和玛丽-夏洛特-阿梅莉亚·佩雷（Marie-Charlotte-Amélie Perret）。

1902　于本地的艺术学校，在教师查理斯·勒波拉特尼埃（Charles L'Eplattenier）的指导下学习装饰雕刻。

1907　结识奥地利建筑师约瑟夫·霍夫曼（Josef Hoffmann）。由于对新艺术没有兴趣，拒绝了其工作邀请。

第一次在意大利托斯卡纳实习之际，参观了艾玛修道院给他留下了深刻的印象，因为与其提倡的乌托邦城市"社区"感觉暗合。

在里昂结识了法国建筑师托尼·戈涅（Tony Garnier），并对其提出的工业城市理论表现出极强的兴趣。

1908　工作于巴黎的奥古斯特·佩雷（Auguste Perret）工作室，并掌握了钢筋混凝土的建造技术。

1910　被拉绍德封的高等艺术学校委派到德国学习德国装饰艺术。在柏林的彼得·贝伦斯事务所工作了数月，并结识了路德维希·密斯·凡·德·罗和瓦尔特·格罗皮乌斯。

1911　在年轻的瑞士朋友奥古斯特·克利普施泰因（Auguste Klipstein）陪同下开始了漫长的东方之旅，沿途经过了意大利、希腊、小亚细亚和巴尔干。旅行中的草图、照片和笔记在两年后发表。其中不仅仅表现出对纪念建筑的兴趣，同时还记录了各种文明的风俗与习惯。

1912　奥古斯特·佩雷别墅（俗称"白房子"）在拉绍德封建成。在拉绍德封的高等艺术学校教授"建筑应用"课程。

1913　在拉绍德封开设自己的建筑事务所，专门发展钢筋混凝土。

1915　发展出结构单元体、低成本建造系统的多米诺体系。

1916　拉绍德封的施沃布（Schwob）住宅建成。

1917　搬到巴黎并遇到了画家阿梅代·欧岑方，开始了长时间的合作。

1918　与欧岑方合著《立体主义之后》阐明纯粹主义美学。由于长时间高强度的夜间工作，造成左目几乎失明。

1920　与法国诗人保罗·德尔梅（Paul Dermée）合作创办《新精神》杂志，直至1925年停刊。

在创刊号上，与欧岑方一起发表了关于美国种子仓库的文章。也是第一次采用勒·柯布西耶的笔名，终其一生使用该笔名设计建筑、发表文章和创造艺术作品。

完成雪铁龙住宅设计。

1922　与其堂兄弟皮耶尔·让纳雷在巴黎开设事务所。

300万人当代城市方案。

完成欧岑方住宅-工作室。

艺术家住宅-工作室方案。

1923　出版《走向新建筑》一书。

　　　　完成沃克那松的贝司纽（Besnus）住宅。

1925　巴黎瓦赞规划（plan Voisin）。

　　　　为巴黎的艺术装饰风格展览设计新精神展厅。

　　　　拉·罗什（La Roche）住宅设计。

　　　　出版了一系列城市主义的书，出版与阿梅代·欧泽芳合著《现代绘画》。

1926　实现了弗鲁日·迪·佩萨克（Frugés di Pessac）花园街区；形成了"新建筑五点"的建筑理论。

1927　斯图加特魏森霍夫两栋别墅；加尔舍（Garches）的斯坦别墅；安特卫普（Anversa）的吉特（Guitte）之家；为巴黎展览会设计鸟巢亭；参与了联合国总部在日内瓦总部的国际竞赛。

1928　促成了现代建筑国际大会的召开，21个国家的建筑师参与了在拉萨拉兹堡（La Sarraz）召开的大会。

1929　为日内瓦设计Mundaneum（思想的世界中心）方案；参与现代建筑国际大会在法兰克福会议，并着手研究现代住宅充分满足使用的最小面积标准。在巴黎秋季沙龙上展示了与夏洛特·佩里安（Charlotte Perriand）合作设计的家具。

1930　设计里约热内卢扩建方案；设计阿尔及尔扩建方案（奥布斯Obus计划）；设计智利的伊拉苏（Errazuriz）住宅，预示着其建筑风格从纯粹主义转向粗野主义；取得了法国国籍，声称其母亲出身法国伊冯娜·加利（Yvonne Gallis）家庭。

1931　萨伏伊别墅；巴黎贝斯特吉（Beistegui）公寓；光辉城市方案；为苏联在莫斯科设计了一栋大楼。

1933　从马赛出发驾驶帕特里（Patris）Ⅱ号汽船到达雅典。为第四届现代建筑国际大会起草了《雅典宣言》，该宣言被认为是一个城市改革的宣言，它将城市划分为四种功能：居住、交通、工作和休憩。

　　　　巴黎大学城的瑞士亭；巴黎救世军（The Salvation Army）难民营。

1935　莫斯科的联盟中心；巴黎市郊度假别墅；参与巴黎当代艺术博物馆方案竞赛；游览了美国，将见闻结集成名为《当教堂是白色时》并于两年后出版。

1936　汽车设计；巴黎近郊体育馆设计；由马尔切洛尼·皮亚琴蒂尼邀请到罗马参加"建筑与艺术关系"会议。

1937　巴黎世博会"新时代"馆；圣迪耶（Saint-Dié）城（第二次世界大战中被严重炸毁的城市）平面设计。

1939　为阿尔及尔设计摩天楼"蔽日"（frangisole）。

1942　促进了创新建造部件化体系的诞生，其目标是建立一个工业化建造体系与标准，以满足人类生活的基本功能：居住、工作、身心培育和交通。

1946　开始与雕塑家约瑟夫·萨维纳（Joseph Savina）合作并开始了自己的第一座雕塑作品，

同时尝试将画作绘制在其建筑表面的灰混凝土上。

1947　纽约联合国秘书处建筑方案设计。

1949　在卡普马丹（Cap Martin）设计Roq Rob住宅。

1950　受邀为昌迪加尔做城市总体规划。

1952　根据卡普马丹的木屋而来的人体模数建造了马赛公寓。

1953　创立了勒柯布西耶基金会，将其自拉绍德封接受建筑训练以来的全部档案资料捐给了该会。该基金会坐落于巴黎的拉罗什-让纳雷（La Roche-Jeanneret）内。

1954　昌迪加尔的最高法院；艾哈迈达巴德（Ahmedabad）的舒德汉（Shodhan）别墅。

1955　朗香教堂；昌迪加尔外交大楼；巴黎雅乌尔（Jaoul）别墅；以马赛公寓为原型设计的勒泽-南特（Rezé-les-Nantes）公寓；布鲁塞尔世博会的菲利浦（philips）馆。

1958　柏林的夏洛滕堡公寓。

1959　日本东京西方艺术博物馆；艾哈迈达巴德博物馆。

1960　法国里昂的拉图雷特修道院。

1961　布里埃森林（Briey-en-Forêt）公寓；参与巴黎奥赛车站内建造会议与宾馆建筑设计国际竞赛。

1962　在巴黎现代艺术博物馆举办个人作品回顾展。

1963　美国马萨诸塞州剑桥的哈佛大学卡彭特视觉艺术中心；意大利罗镇奥利韦蒂（Olivetti）计算中心建筑设计。

1964　昌迪加尔的知识博物馆；威尼斯医院建筑设计；法国驻巴西大使馆建筑设计。

1965　斯特拉斯堡欧洲议会大厦建筑设计；菲尔米尼（Firminy）文化之家建筑设计；昌迪加尔博物馆；8月17日游泳时由于心脏问题于卡普马丹去世。

1967　菲尔米尼公寓；设置在苏黎世人民之家（Maison de l'Homme）的勒柯布西耶中心开幕，该建筑以其纪念Heidi Weber项目为基础，在其死后落成。

除非有特别说明，以上年代为作品的建成年代。

建成项目

魏森霍夫的两座小住宅，德国斯图加特

萨伏伊别墅，法国普瓦西

大学城瑞士楼，法国巴黎

中央联盟总部，俄罗斯莫斯科

马赛公寓，法国马赛

朗香教堂，法国朗香

昌迪加尔行政首府，印度昌迪加尔

拉图雷特修道院，法国里昂

卡彭特视觉艺术中心，哈佛大学，美国马萨诸塞州

人之宅，瑞士苏黎世

魏森霍夫的两座小住宅

德国斯图加特，1926-1927年

1927年，值德意志制造联盟第二届展览会之际，斯图加图建造了一片名为魏森霍夫的区域（该区总体规划由路德维希·密斯·凡·德·罗负责）。该地区由一系列全欧洲现代先锋建筑大师设计的低成本住宅组成。这些建筑师包括：勒·柯布西耶、瓦尔特·格罗皮乌斯、布鲁诺·陶特、彼得·贝伦斯、马特·斯达姆、路德维希·希尔伯塞默，也包括密斯本人。

出于探讨新居住模式的需要，柯布西耶的

两座小住宅采用了彰显建筑体量感的钢混和钢结构，同时有意减少建筑元素以确保内部空间的简洁。其中一座小住宅让人联想起1920年的雪铁龙住宅，七年之后的这座小住宅仍然延续了"建筑是居住的机器"这一主题。基于对之前项目的尊重，建于斯图加特的小住宅仍采用相同的体量（一个平面为矩形的平行六面体，纵向尺寸几乎是横向的两倍）、横向长窗和屋顶花园。该建筑的创新之处在于室内楼梯的设置和将首层平面采用支柱以获得自由的空间。第

二座小住宅中，表面大面积窗和屋顶花园的主题依然被重复，同时由于设计了可以移动的墙体，使得内部空间可以依照白天和夜晚使用而调整。

对于勒·柯布西耶建筑设计研究而言，这两座小住宅有着重要意义。因为它们标志着柯布西耶住宅单元标准化研究的完成，和白色的纯粹、几何的力度和标准的抽象等美学原则在建筑上的确立。

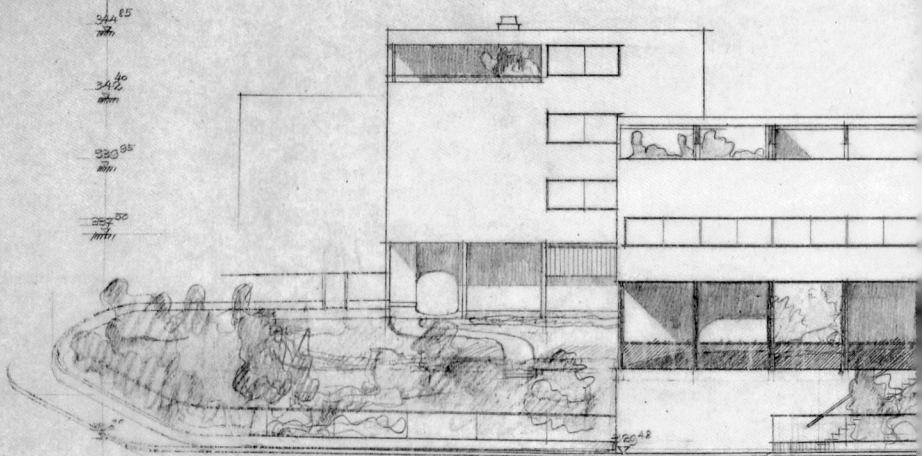

BL. C₁ C₂ & C₂ BIS

863

VUE GENERALE. 1: 100

BL C₁-C₂-C₂BIS
VUE AXONOMETRIQUE

建成项目

上图：西立面图

下图：两座小住宅轴侧图

7673

FONDATION LE CORBUSIER

7680

BL. C₁, C₂ & C₂ₐ

844

ÉCHELLE 1: 100

7669

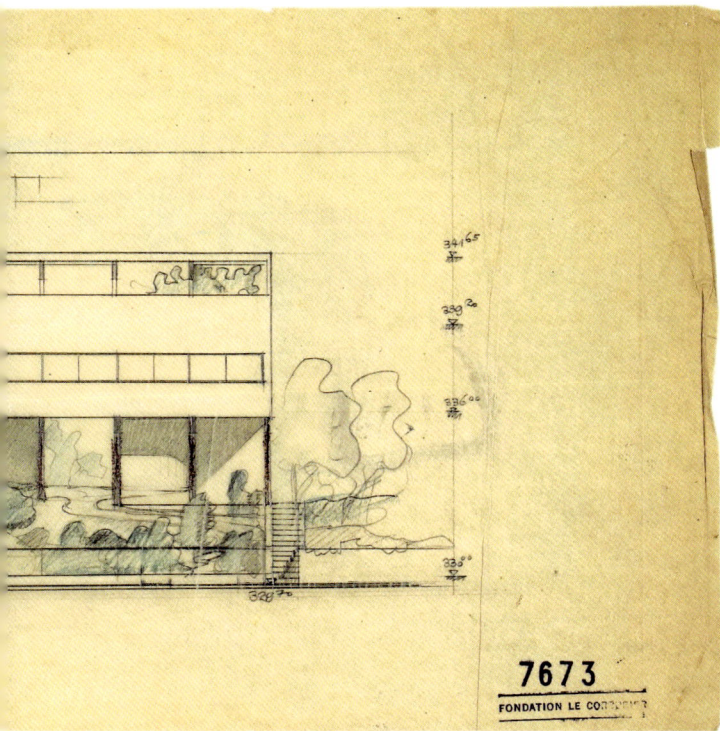

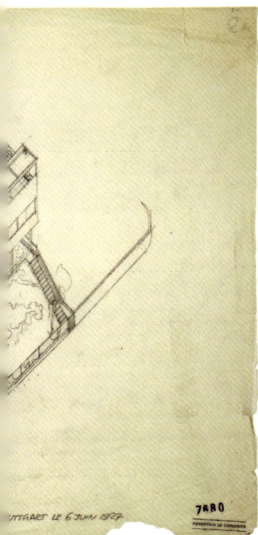

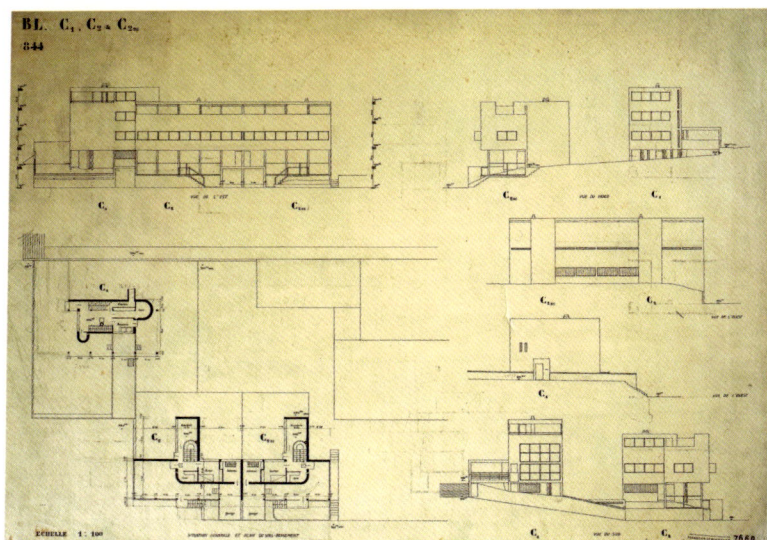

下图：两座小住宅立面图及地面层平面图

萨伏伊别墅

法国普瓦西，1928-1931年

勒·柯布西耶于1928-1932年间，为萨伏伊夫妇建造的别墅树立在一座丛林环绕的小山顶上。虽然这是一座贵族式的郊区别墅，勒·柯布西耶仍然采用其一贯的主题：低成本建造、居住的机器、理想的美和功能合理。萨伏伊别墅整体像一个巨大的白盒子放置在底层的细混凝土柱上一样。首层是服务空间和开放的汽车通道空间，其上两层是供人们自由使用的功能空间。勒·柯布西耶集十年之功，成功地将简洁和朴素与纯粹主义原则结合起来。别墅中央设置了坡道，从入口门厅连接二层各个房间，最终通向顶层平台。平台上是一些自由设置的元素，充当从平直的笛卡儿系统和自由系统之间的过渡。勒·柯布西耶总是协调矛盾，通过大面积开窗建立实体之间、实体与环境之间的亲密对话，让阳光非常强势地射入室内，以加强别墅所有白色表面的纯粹。萨伏伊别墅和之前在加尔舍（Garches）建成的斯坦（Stein）别墅，是诠释新建筑五要素的绝佳案例：底层架空、屋顶花园、自由平面、自由立面和横向长窗。该建筑经过修缮后，被法国政府颁布为国家级纪念物。

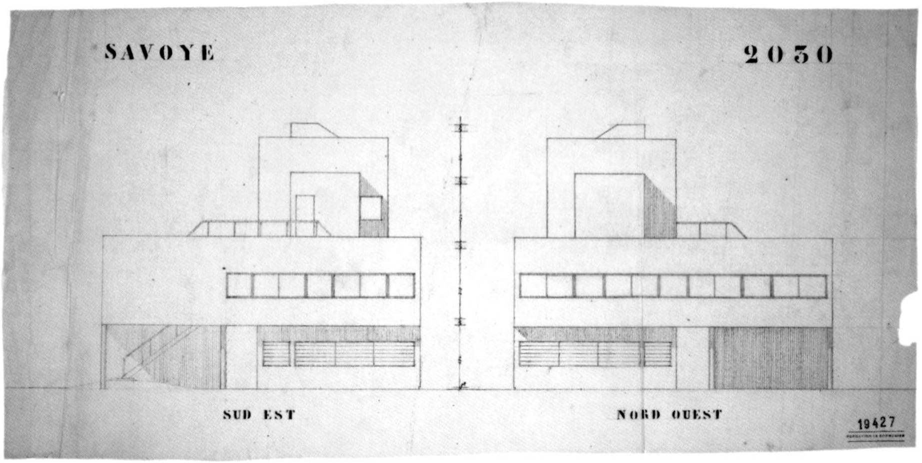

SAVOYE   2030

SUD EST   NORD OUEST

19427

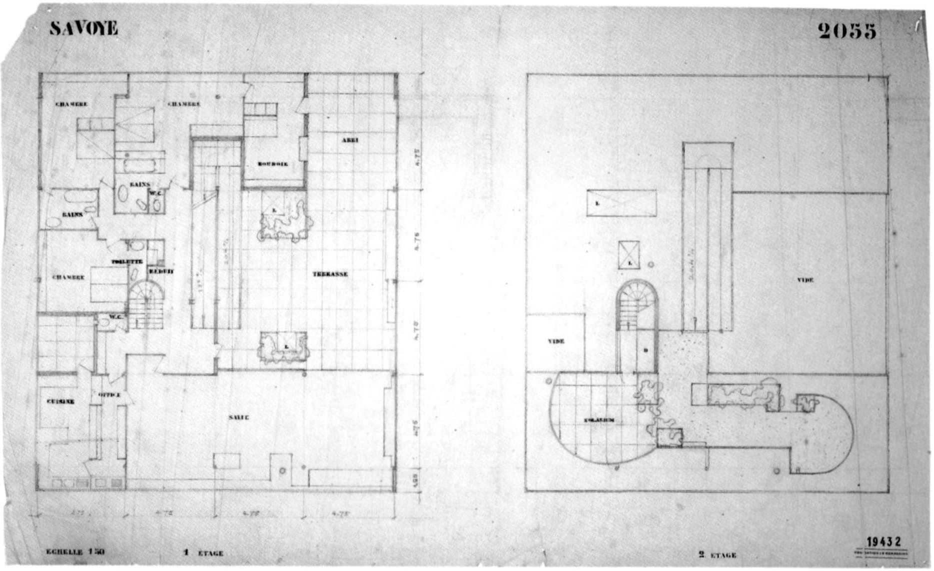

SAVOYE   2055

ECHELLE 1:50   1 ÉTAGE   2 ÉTAGE

19432

建成项目

上图：东南立面图和西北立面图

下图：二层、三层平面图

螺旋楼梯细节

大学城瑞士楼

法国巴黎，1929-1933年

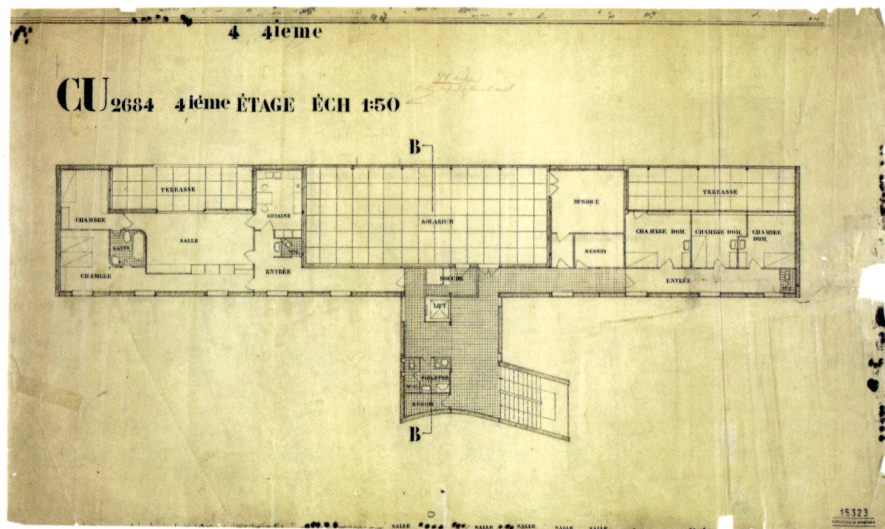

该建筑坐落在创建于1921年的巴黎大学城内，旨在为外国学生提供住宿和其他服务。勒·柯布西耶1929年接到建筑委托，1931年开始建设，1933年建成。其间克服了一系列的经济、地形等方面的困难。随之而来的是将建筑场地转变为现代建筑的试验场。其检验了建筑系列元素、干法施工（dry construction）、防噪声系统和空调系统的使用。瑞士楼由勒·柯布西耶与表兄弟皮埃尔·让纳雷（Pierre Jeanneret）合作设计。它是一栋应用了"光辉城市"设计原则的单体建筑：高层集合式住宅、在场地内以工业化构件实现低造价、引入底层

的支柱（这里仅仅呈现了视觉上的六种钢筋混凝土元素，以获得"8形"的剖面特点）以求最佳使用场地，保证绿地的最大化和流线通畅；屋顶花园作为抬高的绿地呈现；使用墙与玻璃的间隔布置保证了宿舍楼的采光。

公寓楼分为三层（每层33个房间布置15个宿舍，每个房间宽3米、长7米，设有卫生间），由柱子支撑。通过线型延展获得的建筑体量，通过抬升架空为公共活动所用（大厅、公寓入口、厨房与餐厅、服务空间），退入的空间与之前的线型形成对比。

CU 2829 FACADE SUD

185

UNIVERSITE DE PARIS · FONDATION SUISSE

建成项目   西北向视景

右上：东南向视景

右下：入口大厅视景

中央联盟总部

俄罗斯莫斯科，1928-1935年

1920年代末，中央联盟（消费合作社中央联盟）为其坐落于莫斯科中心的总部大楼举办国际竞赛。设计任务书中功能包括容纳2500员工的办公室、会议室、展室、工作室、公寓，和带有报告厅、图书馆和健身房的俱乐部。勒·柯布西耶的竞赛获胜方案，采用了一系列突出又具有个性的体量，每一个都有特殊的功能。大楼的管理处和展室通过平行六面体进行定义，分别坐落在建筑（面积大约11000平方米）的两端。俱乐部与附属服务空间被整合在一个体量内；大厅与竖向连接元素被安置在两个独立的、马鞍形的体量内。每一个体量都通过水平的方式与其他部分相连接，保持每一个独立元素的可读性。该项目于1928-1929年与皮耶尔·让纳雷（Pierre Jeanneret）合作，建成于1935年。从外部空间的角度，这是一座体现了先进原则的里程碑似的建筑，展现了集中、同质的体量，其后很难有更复杂的体量超越它。

该建筑与勒·柯布西耶数年后为莫斯科苏维埃大厦建筑竞赛提供的方案有诸多相同之处：采用钢筋混凝土结构、玻璃幕墙和高加索红色凝灰岩砌块。为了解决建筑室内巨大温差的问题（冬季室内外温差达到60度），勒·柯布西耶发明了"中核墙"（由双层膜及其中间的空气层组成），同时提出安装预热空气层的方案。然而出于经济与意识原因，当局认为苏维埃大厦建筑在经济危机时期是一种浪费而没有建成。

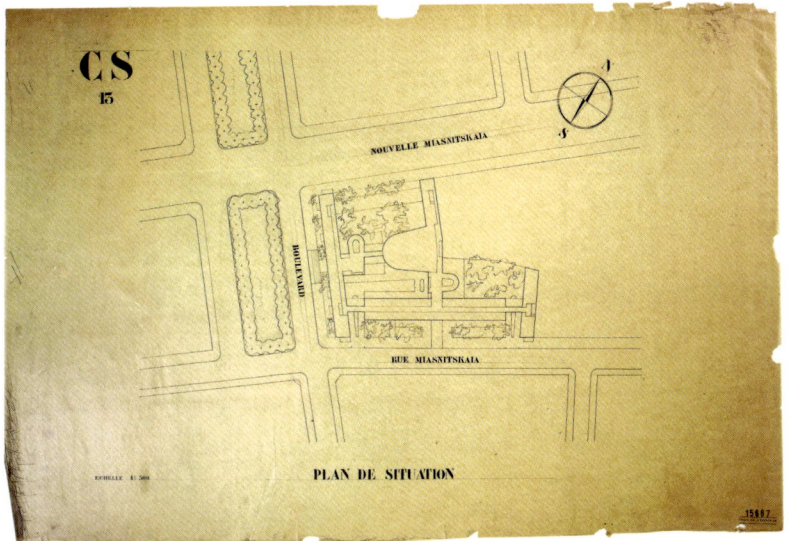

CS 15

NOUVELLE MIASNITSKAIA

BOULEVARD

RUE MIASNITSKAIA

ECHELLE 1 5000

PLAN DE SITUATION

15007

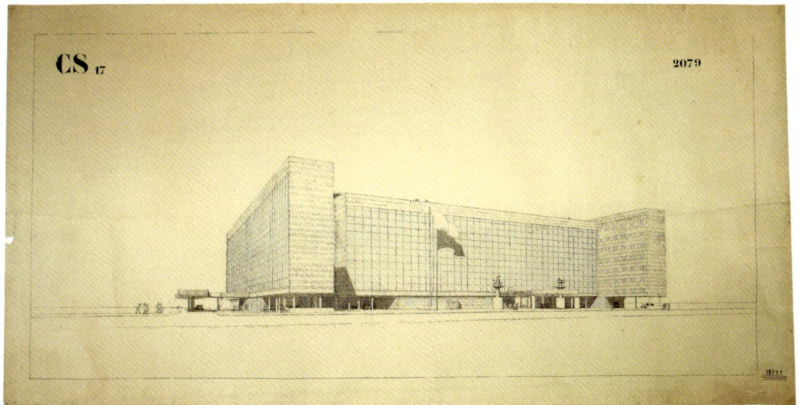

CS 17

2079

15711

上图：总平面图

下图：透视效果图

建成项目　　　　　大楼背立面效果图

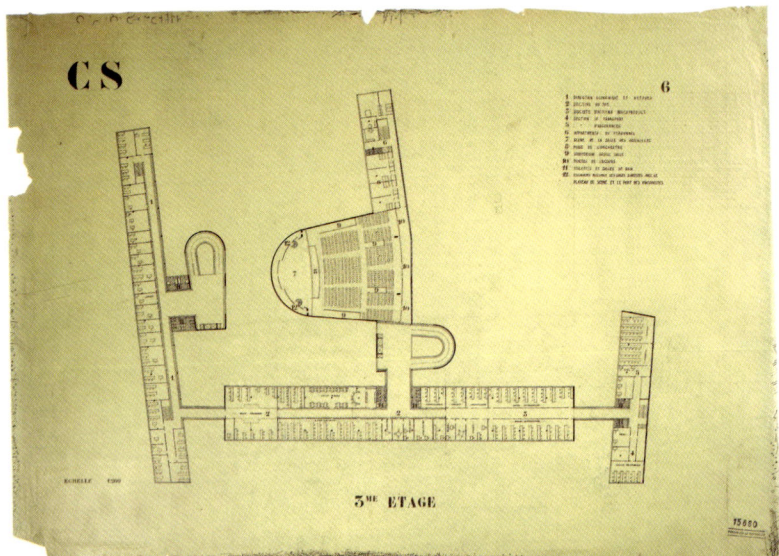

3ᴹᴱ ETAGE

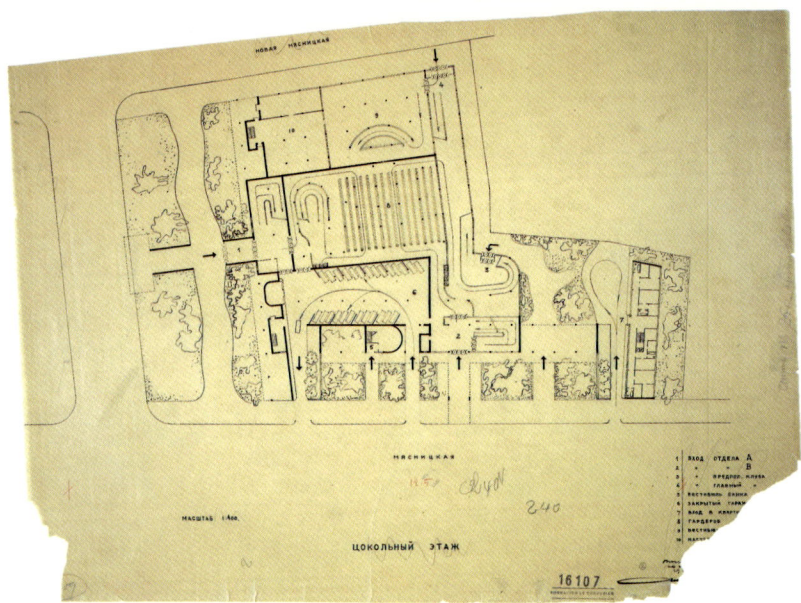

НОВАЯ МЯСНИЦКАЯ

МЯСНИЦКАЯ

ЦОКОЛЬНЫЙ ЭТАЖ

上图：四层平面图

下图：地面层平面研究

马赛公寓

法国马赛，1945-1952年

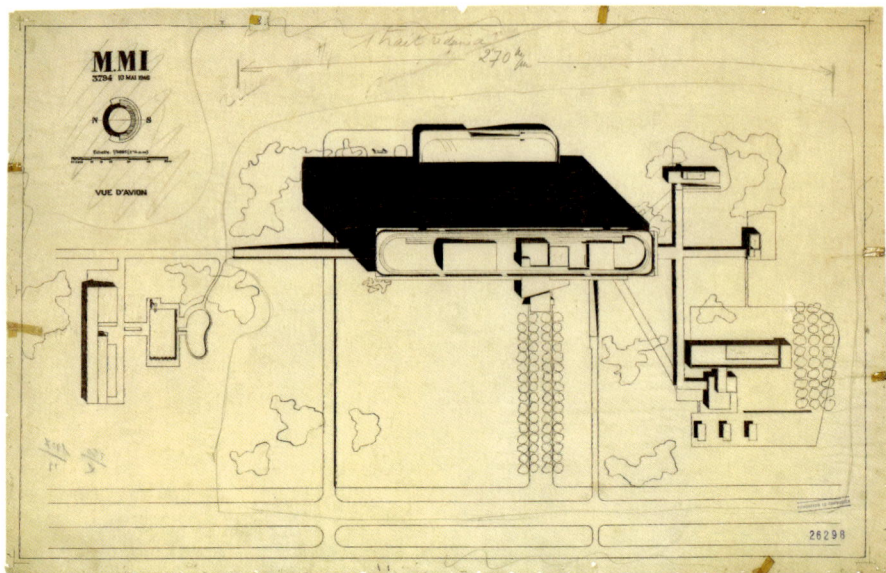

1945年，由于战后缺少住房的原因，法国建设部委托柯布西耶设计一栋可以容纳1600人的综合大楼方案，预计在马赛南部建设。该建筑1947年开始建造，于1952年完成。它像一艘远洋轮船耸立在支架之上，与周围环境完全隔离。这栋集合公寓共分18层（宽24米），包含337个复式公寓单元。这些单元大小不等（可满足单身到有6个或更多孩子的家庭需求）。这些公寓通过内部走廊隔层到达。在大楼的第7~8层，设有双层高的商店、办公室和会议室；屋顶上有健身房、给婴儿的花园和儿童游泳池，以及剧院和沙龙。一系列的特征使得大楼给人深刻的印象，类似一个"浓缩的社会"，这是受到20世纪20年代苏维埃集合住宅的影响。

公寓大厦的结构原理，是其中的每一个元素都是"模数"的作用（一种根据人体尺度的和谐尺寸，由柯布西耶设计）。大厦以钢筋混凝土作为骨架，支撑着由预制水泥板构成的插入内部的住宅单元，如蜂窝单元般彼此隔绝，构成声音与视觉上的保护；通过阳台与遮阳板的使用，进一步强化公寓的单元结构。

这栋公寓大楼，将在其他四个城市仿建，是柯布西耶职业生涯中最重要的作品之一。我们可以在其上综合地看到柯布西耶多年对建筑研究的结果，例如对居住空间理想尺度的研究、"绿色围绕的城市"主题。正是由于高密度住宅和底层架空的运用、木模版灰混凝土的使用、雕塑形式的插入和对"粗野主义"诗意的表达。

底层支架平面与剖面草图

上图：走廊内景

下图：公寓内厨房

朗香教堂

法国朗香，1950-1955年

在朗香山顶，这里曾有一处献给九月圣母玛利亚的宗教圣地（Notre-Dame-du-Haut）。它起源于中世纪，延续到二战时期。柯布西耶设计的教堂是第一座建筑师以神圣为设计主题来考虑的建筑，而且它所体现的建筑特点是柯布西耶所有作品中最具象征性的。1950年，勒德尔教士委托柯布西耶重建这处朝圣圣地。参观完现场之后，这位建筑师显示出他为之着迷，从当时在现场绘制的一些初稿中已经可以看出这座五年后即将建成的建筑的样貌。这个设计背后的理念与它所处的起伏景观地形上有着不可分割的关系。根据四个参考点，这座带有弯曲墙壁的教堂，在围合出单一神圣的内部空间的同时，又向四周的自然开放。

时而收缩时而扩张的振动空间的感觉被壳体屋顶再次诠释（1937年巴黎世界博览会上，

裸露混凝土壳体塑造了新时代馆的屋顶轮廓）。除了中厅外，侧面的三个小礼拜堂被放置在带有天窗采光的半圆柱形塔中，使教堂可以同时进行几项礼拜活动。而中央通道的采光口则是以开在厚厚的南墙上的狭缝代替；这又使得人们可以反过来从内部仔细观察外部自然景观。建筑平面表达与以耳朵为灵感的雕塑作品"Ozon

Opus"系列有着相似之处——该系列由柯布西耶与艺术家约瑟夫·萨维纳（Joseph avina）共同创作。朗香教堂是勒·柯布西耶整个创作时期中最重要的作品之一。这是一个"玄妙空间"，是一个由光和绝对寂静构成的，将各个感官联系和融合的，成为"塑造感情的容器"。

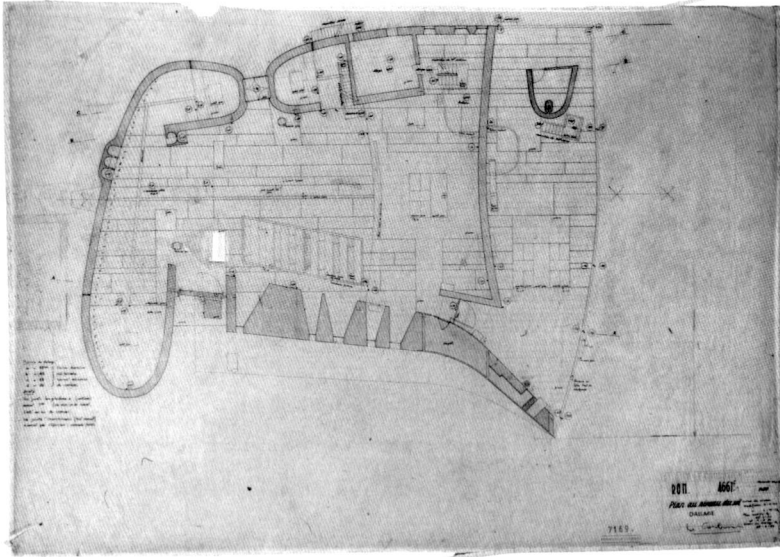

建成项目

上图：平面图

下图：东立面

昌迪加尔行政首府

印度昌迪加尔，1951-1961年

　　新建成的旁遮普行政首府昌迪加尔位于喜马拉雅山脚下的一处平原之上。1951-1961年，勒·柯布西耶应当地政府邀请设计了首府的行政中心，包括议会大楼（1961年落成）、秘书处大楼（1958年竣工）、邦首长官邸（唯一未建成的）和高等法院大楼（1956年竣工）。行政中心的场地非常大，由两个方形广场并列构成（一个800米宽，另一个400米宽）。设计采用两条主要轴线组织空间：第一条轴线，由邦首长官邸和连接城市的主干道构成；第二条轴线与第一条垂直，两侧为议会大楼和高等法院大楼。第二条轴线的设计引导着人行道的布局。广阔的场地中插入了不同高差及一些象征符号的雕塑，例如"张开的手"（它对柯布西耶来说意义重大，即和平之鸟的隐喻，又代表着无私地给予和宽容接受的姿态）、"阴影塔"、"思考之渠"，而这些到了20世纪80年代才得以实现。

　　在设计行政首府的建筑时，柯布西耶在其助手皮耶尔·让纳雷的协助下——后者主要负责现场工作，没有直接引用和借鉴西方固有的形式以表达纪念性，宁愿放弃自己的粗野主义语言，反而采用了当地的建议和传统。至此之

后，他对可塑元素的兴趣引导他在各建筑中采用壳体形式（例如遮阳系统，在所有的建筑中以不同形态反复出现），它们的形态来源于当地的植物和动物。同样地，他研究了当地的纪念性建筑和小型建筑，以便利用建造体系的传统智慧来保护内部环境免受严酷气候的影响（烈日和强季风降雨），通过这些装置，产生了厚重的编织状遮阳系统，它们的影子投射到建筑物的立面上。柯布西耶在昌迪加尔的作品代表了他在美学研究上的巅峰，其建筑充满了原始的力量。

议会大楼一瞥

上图：高等法院大楼

建成项目　　下图：秘书处大楼立面局部

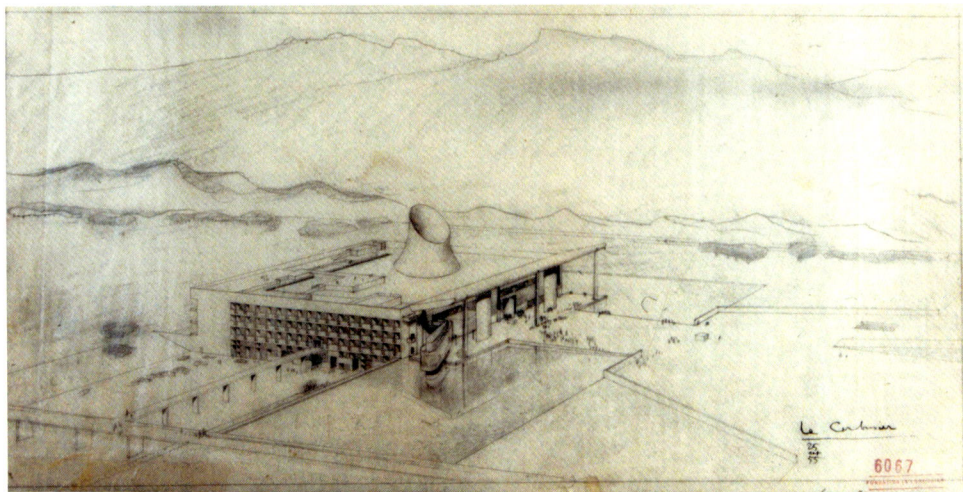

下图：议会大楼鸟瞰

拉图雷特修道院

法国里昂，艾布舒尔阿布雷伦，1953-1960年

与朗香教堂一起，里昂附近的一个陡峭斜坡上的拉图雷特的多米尼加修道院，是勒·柯布西耶20世纪50年代作品中最受欢迎的建筑之一。1953年，一位伟大的回归神圣艺术的动画师勒·库蒂里耶神父，委托柯布西耶这个设计任务——"让一百个心灵和一百个肉体安于宁静"。修道院的功能包括：教堂、牧师会礼堂、教学空间、图书室、食堂和修道士房间。其轮廓为方形，由几个围绕着庭院的体块组成。整体上根据柯布西耶定义的修道院生活的三个重要方面——个人、集体和精神生活——对应三种不同建筑形态的叠加：从排列整齐和一致朝外的修道士房间，过渡到日常活动空间的自由平面，最后上升到做礼拜的独立建筑体块，包括教堂、教堂地下室、演讲厅和圣器收藏室。

相对于整体的紧密又极其单一的体量，柯布西耶还加入了第二层次的可塑体量：钟塔、起居室、烟囱、螺旋楼梯、向上延伸以将阳光引入礼拜堂的"光炮"；它们以一系列雕塑般的形态分散在主体建筑的几个部分，以强调建筑

几何形态的稳定性。用"粗糙的里昂混凝土"
建造（柯布西耶这么称呼这种材料），这座由建
筑师和音乐家伊阿尼斯·泽纳基斯积极参与合
作建成的建筑，可以被定义为"真实而纯洁的
建筑"。如果它是一张建筑自画像，那么柯布西
耶的建筑研究主题就非常明确了：调和对立（自
然与建筑、柏拉图体和雕塑般的物体、个人生
活和集体生活、水泥紧密性和玻璃透明性）和
寻找"玄妙空间"。在这里它们被塑造为：寂
静、平和、比例、光与影音乐般的交替。

上图：构思草图

建成项目　　　　　下图：鸟瞰　　　　　　　　　　　　　　　　　　　　对页：西立面效果

卡彭特视觉艺术中心，哈佛大学

美国马萨诸塞州，剑桥，1959-1963年

卡彭特视觉艺术中心建在哈佛大学校园里的一个小场地上，其四周环绕着佐治亚风格的建筑。与这些建筑的新古典主义语言相比，这座由勒·柯布西耶在1959年设计并于1963年落成的建筑，其被赋予的现代特征立刻就显现了出来。该项目是这位法籍瑞士裔的建筑师在智利建筑师朱利安·德拉·富恩特的协助下创作的，同时也得到了美国建筑师何塞·路易斯·塞特和他的同事们的支持。项目初始基于这么一个考量：这个建筑必须从外表上就能让学生们明白他们来这是要做什么。那就是表达二维和三维的艺术、立体、雕塑、塑造、拼贴。

设计呈现的仍是裸露的混凝土建筑，但这次表面平滑且带有玻璃的体量紧凑的立方体。两个面的遮阳，使得立面有非常明显的阴影。建筑有两个自由体量，在对称的平面布局下，立面效果上产生了一定程度的冲突感。这个视觉艺术中心的特征元素是一个S形斜坡，它占据了两个展览功能的曲面房间中的一个，并在空间中自由伸展。而这来源于柯布西耶式的理念："好的建筑是用来漫游和穿越的"。作为柯布西耶在美国建造的唯一的一座建筑，这个作品背后的意图是为了展现其在建筑学领域所有的研究成果和元素：使用基本几何实体结构，但也引入有机形态、立柱、自由平面、大面积的玻璃面。

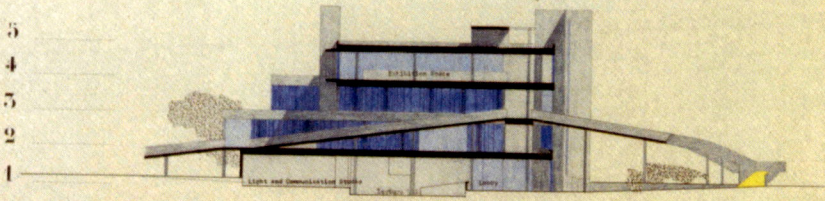

coupe BB

建成项目   西立面

人之宅

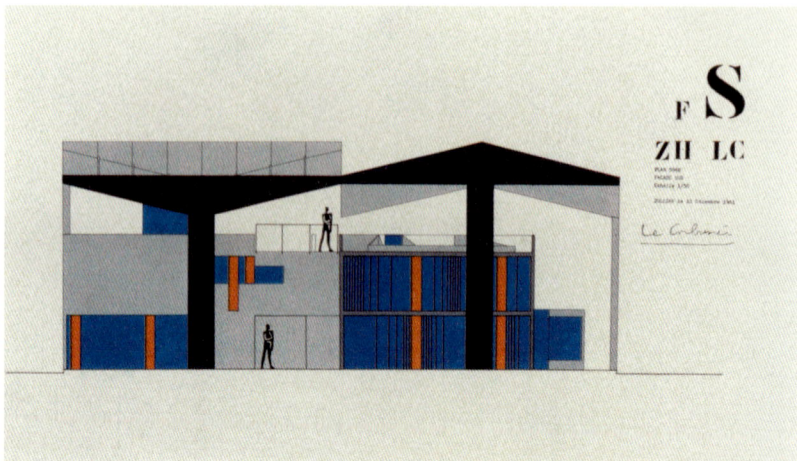

人之宅坐落在苏黎世市中心的一座郁郁葱葱的公园内，于1963年由海蒂·韦伯委托给柯布西耶设计。韦德是一位对现代艺术和设计感兴趣的充满活力和热情的画廊老板。由于建成时建筑师已经死亡，所以这栋建筑完全归功于这位瑞士女士的顽强。为了建造这座建筑物（她决定在那里承办柯布西耶中心），她不得不与苏黎世当局进行了一系列的沟通与争斗。这栋建筑由柯布西耶生前的两位合作者负责，他们当时在其巴黎的工作室工作。建筑采用钢结构，配有玻璃填充板

和彩色玻璃板。该建筑与几年前柯布西耶设计的斯德哥尔摩一个小型展览中心项目有许多相似之处，其特点是金属板屋顶悬挂在整体钢架上。整个建筑就像一个大型的凉棚，以镜像的方式分为两个对称的部分，一个部分升高，另一个部分下降。屋顶下方恰好定义了内部空间性。彩色和透明板界定了外表，内部空间被安置于其内部。通过螺栓系统和四个L型截面的型材获得了十字柱和金属柱网。

这种先进的结构系统使建筑获得了空间上的绝对灵活。建筑可以根据各种需求优化空间的使用；使用中具体的尺度根据模数原理确定，模数中的226厘米的"完美"尺度，对应于一个成年男性抬起手臂的高度。

人之宅是柯布西耶建筑作品中的重要作品，它代表了他最后的成就之一，因为他开创了一种新的钢铁美学。

西立面

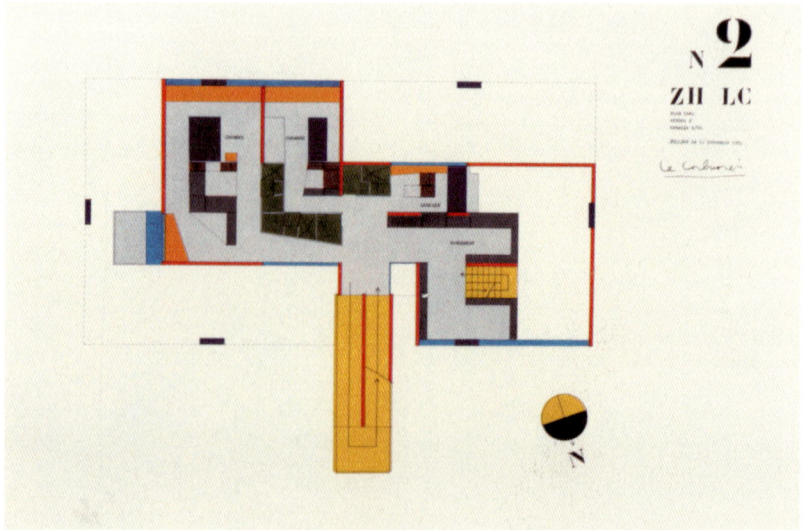

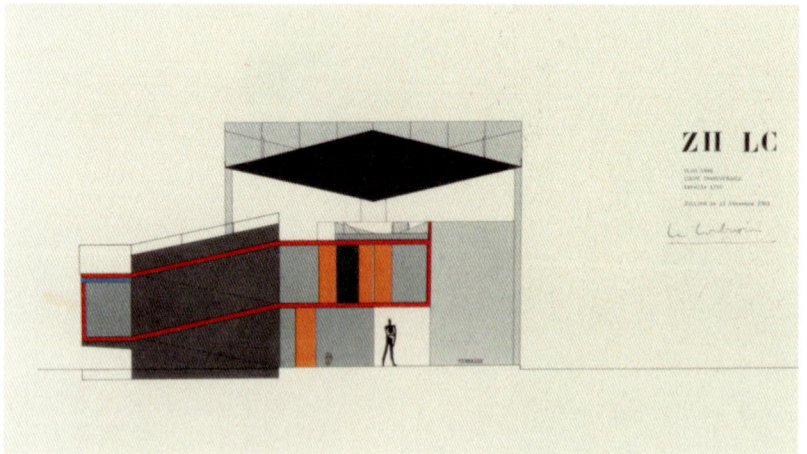

上图：平面设计图

下图：横剖面

建筑西南侧效果

设计作品

300万人口的当代城市
国际联盟宫，瑞士日内瓦
没有立面且无限增长的博物馆
洛克综合住宅，法国马丁岬
威尼斯医院，意大利威尼斯

300 万人口的当代城市

1922年

出于对他的建筑在城市中应用的兴趣, 柯布西耶于1922年在巴黎的沙龙展览中展示了他的第一个城市规划: 一个为300万居民设计的当代城市项目。

该城市的设计与组织布局让人想起东方地毯的肌理。其规模大约是曼哈顿的四倍, 包括一个用作行政和管理的核心区, 和占据整个区域的16~20层高的十字塔式办公楼和住宅楼(所谓的大厦—别墅)。在核心外, 经过一大片绿环, 一边坐落着工业区, 另一边是工人居住的花园城市。

虽然该项目保持了城市精英与郊区无产阶级之间的传统分离, 但重要的是它第一个陈述了今后所有城市规划都要遵循的基本原则: 城市结构的理性化, 它将城市划分为不同部分。设计大轴线公路以方便交通, 并保证居民的阳光、绿地和空间的基本乐趣。

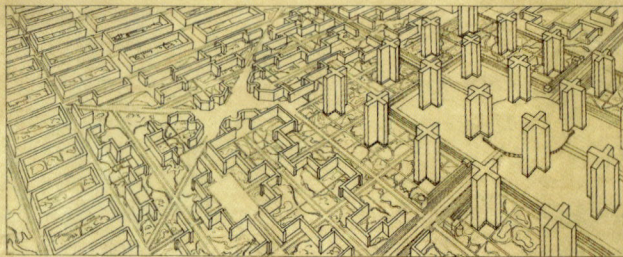

30830

设计作品   轴测图

上图：总体效果

下图：透视效果图

S. D. N.

23186
FONDATION LE CORBUSIER

柯布西耶于1927年与皮耶尔·让纳雷共同参与的日内瓦国际联盟总部的国际竞赛，成为他第一次参与设计大规模的公共建筑的经历（之前一直设计与研究住宅类建筑）。以功能为导向，勒·柯布西耶和让纳雷的提案为不同活动提供单独空间：总秘书处、国际大会、国际理事会和公共委员会。设计结果表现为一座非凡的现代化建筑，没有追求建筑的纪念性或者采用任何学院派的既成模式，而运用了有利于外立面元素标准化和各种体量与非对称的布局。所有元素都以基本几何形体为特征，更有革命性的立柱和大面积的玻璃表面。

在330多个竞标方案中，柯布西耶提出的是最具功能性的方案，同时也是最经济的，因此得到了由维克多·霍尔塔担任主席的一些评审团成员的支持。但最终中选的是一个学院派的方案。

上图：从湖面看的效果

下图：设计效果图

没有立面且无限增长的博物馆

1939年

博物馆模型的初衷是创造一种新形式的展览空间。在这种展览空间中，可以满足教育和信息传达的目的，能够展示历史和近代的文明物证，不受空间的限制。十年前，这个设计概念已经出现在柯布西耶的设计中。日内瓦世界文化中心为其第一个项目。该模型是一个模块化的螺旋式结构，通过增加新模块，使其可以连续增长（7米宽、4.5米高，悬挂在立柱之上）。从模型中可以看出博物馆外观的缺失，其填充墙可以转变为内部隔板。这是博物馆模型，点燃了勒柯布西耶的灵感，设计1952-1965年间的一系列的位于艾哈迈达巴德、昌迪加尔和东京的博物馆建筑。

模型

洛克综合住宅

法国马丁岬，1948-1950年

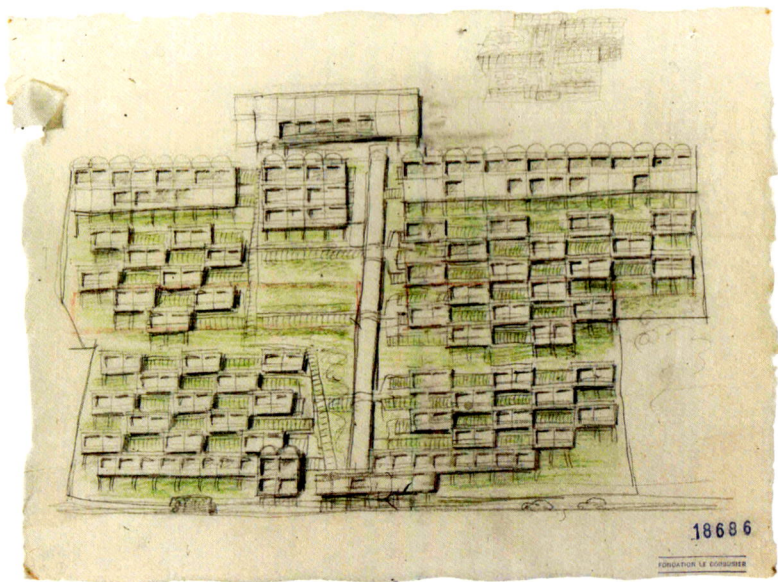

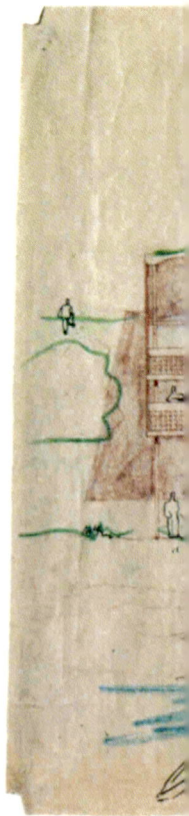

18686

位于里维埃拉的马丁岬，坐落在陡峭的山坡上，俯瞰大海，由洛克布吕讷的城墙所环绕。在1948-1950年间，柯布西耶设计了一个居住模式，可以被定义为"旅游村"：一个混合的综合体（带有酒店和住宅），包括众多住宿和一系列休闲设施。从最初的研究草图中即表现出采用住房式单元的意图。在元素的定义中，柯布西耶坚持采用较低屋顶的原则。根据他在20世纪30年代分别在莫诺尔住宅和巴黎附近的周末所经历的建筑形态，他发现了自己对传统建造原则的兴趣。在马丁岬项目中，这种兴趣重新被提出并逐步完善，以发现和获得地中海建筑的美丽景观。

项目研究草图

威尼斯医院

意大利威尼斯，1963-1965年

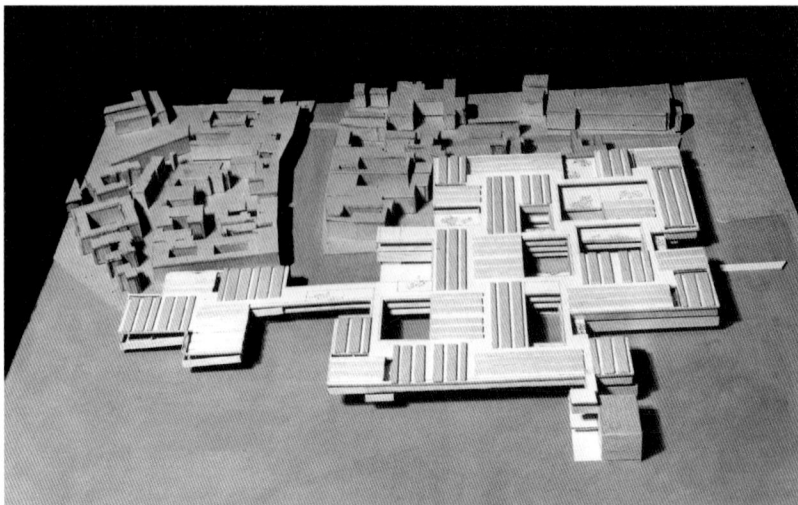

位于卡纳雷吉欧区的威尼斯新医院是柯布西耶去世前的最后几个工程项目之一。1963年，威尼斯市市长委托他设计一座容纳1000张病床的新医院。

1964年，勒柯布西耶展示了该项目的第一版方案，特点是采用水平发展的体量，最大高度达到13.66米——与城市建筑的平均高度相对应。该方案旨在避免破坏城市天际线，展示了建筑师对环境的敏感性。该建筑分为三层：地面层分布着综合服务和通道，二层是多个手术室、医务室和再教育室，顶层是病房。它们代表了一种原始创新：空间是3米见方的房间，没有侧窗，而是通过开天窗的方式从上方采光；该方案为患者提供绝对隔离的条件。

总平面图

建筑思想

建筑与艺术 [1]

毫不暧昧的建筑,像植物生长在整洁的地面上一样,生动、完整、独立。它可以追求人类的梦想,包括产生趣味、日趋完善、日渐丰富、关联事物、提炼思想。追求完美的态度会创造一些"流派",其中光度和纯度是必不可少的要素。这就是当心灵被感动时,人可以享受其诗意或灵感。与建筑不同,戏剧和音乐有着众多而强烈的表现形式,也有着毋庸置疑的特色,一如雕像和绘画。

你必须承认,我们这里没有提到任何装饰艺术。它是文明,也属于绘画或雕像,但其质量系数并不高。根本就没有装饰艺术:除了艺术别无他物!谦虚,可以最强大……

人们习惯用壁纸装饰建筑(各种颜色、无数的图样、蔓藤花纹、斑点、任何种类和风格等),这种做法早已泯灭。为什么这样的习惯又重新出现于19世纪的一天,这是因为建筑已经堕落至死。我们尝试想用强心剂来治疗它,但因为它已经无药可救,我们不愿再谈论它……

这是我的意见。我不认为我们可以系统地成为强大而有价值的人,为建筑画像的人。让你想到成为平庸的画家也是种灾难。我更愿意说,伟大的画家、值得为建筑画像,又恰巧负责了建筑项目是种特殊现象。建筑的内核和本质是数学,其发光的项目具有功能性的曲线和直线。建筑物周围和内部,具有精确的点、数学的点从而形成整体。尽管如此,演讲依然会发现来自看台的回声……

有了它,建筑物将视觉现象所产生的一切建成物纳入其中。从现代的普通产品,到港口的设备、水路、土地、铁路到空气,再到城市、农场、村庄,这是架构程序。我声明这是一个巨大的目标,吸引我们所有的精力。但……艺术作品是一种杰出的存在。

这种伟大品质的美德必须符合事物的精神。我将同情、欲望和贪婪延伸到构成我目之所及、可衡量的一切环境,我不想向构成这种环境的人们提出一种行为要求:责任感。我肯定建筑的良知必须在,并且已经在无数的情况下,在工人、工匠或工程师的工艺和心中。有了这个,我们将制作国家的房屋和建筑物,以及街道等。对画家我只说这个:让我们喘口气,让我们从现代的巨大建筑工地开始,给我们十年。

建筑通过实验、关怀和关注获得成就,为您带来一定的优雅。

就我而言,我也是画家,我想告诉你,我从本质上理解绘画这个令人钦佩的东西。我因此理解一天可以做什么、做多少,至于画壁画或画画架作品却不重要。今天还有多少壁画画家呢?我相信建筑仍然可以等待壁画,它会经常保持墙壁空空的状态,赤裸裸的比例、材料和各种色彩,而这种赤裸是精神的一个参数。

我谈到过住宅。我说住宅是这个时代中建筑的主要活动。如果住宅不被看作是家庭和社会的基本细胞,我们会对住宅必须是什么、能包含什么漠不关心。正是在住宅中,精神得到充分的准备和发展,这正是这个真正史诗般的时代的表现。

1 这是勒·柯布西耶在1936年10月在意大利罗马皇家艺术学院举行的"理性建筑与绘画和雕塑合作关系的趋势"会议上发表的讲话。

今天有很多年轻人朝着这个方向努力。我可以说，这些年轻人是热情的，他们从根本上接受建筑，而不仅仅是因为实用，而是为了冥想、为了比例的光芒、为了宁静、为了精神活动进行有益的围合。

在住宅里，一切都可以被接受；只要有足够的意图，一切都是可以被允许的。建筑正在建造避难所。避难所采用材料建造。

材料与技术共同作用。这些技术具有普遍性和国际性。建筑受太阳的限制：它是我们的主人。所以建筑从气候来看。

建筑受地形地理条件的制约，包含了景观并表达了它。它构成了与自然的统一。

建筑受到时代精神的制约。一个时代的精神源于历史的深度、现在的时间观念和未来的洞察力。

弗朗切斯科·藤托里，罗萨里奥·德西蒙尼，勒·柯布西耶，Laterza出版社，巴里-罗马1987，210—214页。

垂直静物，1922，布面油画

建筑师的三个警告

建筑与"风格"无关。路易十四、十五、十六时期或哥特式建筑就像女人头上的帽子一样：有时很漂亮，但并非一直如此。

建筑有更严肃的使命；它可以带来升华，以其客观性触及最丑陋的本质；以抽象的方式激发最敏感的感官。建筑的抽象具有这种奇特和升华的作用：它根植于丑陋的现实并使其灵性化；因为丑陋的现实只不过是物化，是可能的想法的象征。丑陋的现实不依赖于思想或投射其上的秩序影响。建筑引起的情绪源于不可避免和无可辩驳的物理条件。今天遗忘这些。

体量和表皮是建筑借以表达的元素：它们又由平面决定。平面是所有元素的统帅。那些缺乏想象力的人有多糟糕啊！

第一个警告：体量

建筑是形体在阳光下聪明、严谨、恢弘的游戏。我们的眼睛是为了看到光线的形状而造：阴影和阳光显示了光的形状；立方体、圆锥体、球体、圆柱体或金字塔是突出光的主要形式；图像看起来清晰而确定，毫不含混。这就是为什么它们是美丽的形体的原因。每个人——包括儿童、野蛮人、学者都同意造型艺术的条件。古埃及、古希腊或古罗马建筑由棱柱、立方体、圆柱体、三面体或球体组成：金字塔、卢克索神庙、帕提农神庙、斗兽场、哈德良别墅无一例外。

哥特式建筑并非基于球体、圆锥体、圆柱体。只有教堂中厅表现出了简单的形式，但也只是第二层级的复杂几何。这就解释了为什么哥特大教堂不是很漂亮，我们在严格的造型秩序之外，寻求主观样式的补偿。大教堂让我们觉得有趣，是因为它是一个困难问题的巧妙解决方案，但数据错位，而不是来自大量的基本形体。大教堂不是造型工作，而是一场戏剧：反物质重量的斗争，一种多愁善感的秩序感。

不遵循建筑标准，而只是

根据计算的效果（也来自驱动宇宙的原则）和生物生长的概念，今天的工程师使用基本形体并按照一定规则排列，向我们表达建筑情感。通过这种方式，他们使人类的工作与普遍秩序相协调。于是产生了筒仓和美国工厂，是新时代的第一批成果。美国工程师通过他们的计算，粉碎了那些让人痛苦的建筑。

建筑与"风格"无关。路易十四、十五、十六时期或哥特式建筑就像女人头上的帽子一样：有时很漂亮，但并非一直漂亮，甚至有时一点也不漂亮。

第二个警告：表皮

建筑，如果说是形体在阳光下聪明、严谨和宏伟的游戏的话，那么表皮就是分配给建筑师的任务：赋予体量以充满生命的表皮。如果没有这个，表皮就如寄生虫一样，为了自己的利益吞噬并消耗体量。历史中充满了这样可悲的例子。

表皮可以在光的形式下赋予体量以荣耀。但另一方面，表皮往往需要适应功利的需要，就是在各种各样的表皮中，迫使去寻找那些可以呼应或者生成形体的元素。换句话说，建筑可以是一栋房子、一座寺庙、一个车间，都可以。寺庙或车间的立面大多是由在墙壁上直接开门窗而成；这些开洞往往破坏了形体，有必要使它们成为提升体量的元素。如果建筑的基本要素是球体、圆锥体或圆柱体，那么生成和导出的表皮元素从根本上就具有纯粹的几何形状。但这种几何形状扰乱了今天的建筑师。今天的建筑师不敢设想皮蒂宫或里沃利街；他们建造了拉斯帕伊大道。

我们将这些观察结果放在当前需求的基础上：我们需要一个有用的城市布局和美丽的体量（城市规划）。我们需要宽敞的道路，需要可以居住和生活，生产能够采用大规模的形式，有限地组织建筑工地，树立远大的发展目标，整体的宁静以放松我们的精神，并表达新生事物的美好。对基本形式的表皮的模数化意味着可以使体量自动地调整大小：这是一个内部的矛盾，像拉斯帕伊大街一样。

对复杂体量和较混乱元素的模数化，是不与形体冲突的操作。这是一个罕见的问题，例如曼萨尔的荣军院。复古问题和当代美学，一切都会以简单体量的方式保存下来：街道、工厂、百货商店，所有问题将会在明天以综合形式出现，这是历史上其他时代从未有过的全新景象。出于功能目的而开洞的表皮必须使用突出简单形体的母线。这些展现出的元素实际上是棋盘或网格，例如美国的工厂。但这种几何形状很可怕。因为它不遵循建筑标准，而仅仅是根据指令性程序的需要，今天的工程师掌握了产生和引导体量的元素；它们展示了生产方式并创造了造型，带着清晰和明确，这不单满足了眼睛，也将精神和喜悦赋予了几何。

就是这些工厂，是这个新时代的第一批成果。

今天的工程师们也同样采用着当年伯拉孟特和拉斐尔曾经采用的原则。

建筑因此与"风格"无关。

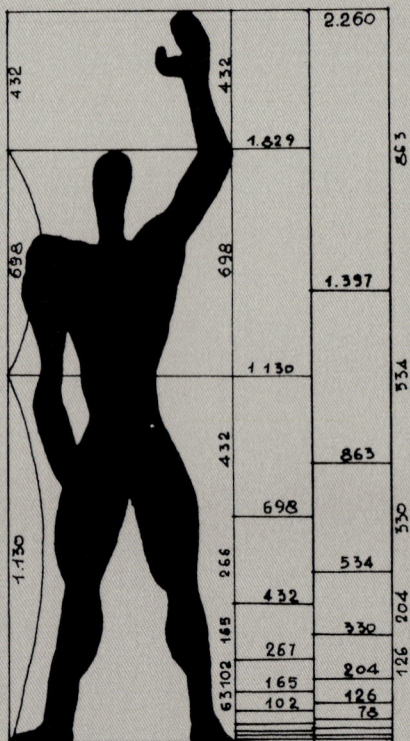

上图：模数人

下图：朗香教堂东立面图

通过其一贯的抽象性，建筑推动其不断进化。建筑的抽象具有这种特殊性和宏伟性，它扎根于丑陋的现实，使其精神化。丑陋的现实只能通过投射的法式，才能成为一个概念或想法。

体量和表皮是建筑赖以表达的要素，而它们由平面决定。平面是所有元素的统帅。那些没有想象力的人会更糟糕！那些没有想象力的人是多糟糕！

第三个警告：平面

平面是所有元素的统帅。

公众的视线游走于街道和房屋组成的景观中，受到来自围合空间的体量的冲击。如果这些体量是优雅的，并且不因不合时宜的改变而降低品质，如果这些体量的组群表达了清晰的韵律而不是杂乱无章的一团，如果体量和空间的关系和比例设计得当，眼睛就会向大脑传递协调的感觉，同时引发精神方面的愉悦感：这就是建筑。

眼睛可以观察空间内墙壁和拱顶的多个表面；穹顶决定着空间；拱券展开了表面；列柱与墙壁按照理性、可理解的顺序排列与分布。整个结构从基础上升起并按照平面制定的规律发展生长：美丽的形式、多样的形式，统一在几何原则下。深层表达与和谐：这就是建筑。

平面作为基础存在。没有平面则既没有总体意图和表达，也没有节奏、体量和连贯性。如果没有平面的控制，建筑就会呈现一种无法容忍的对造型无法控制的感觉，贫乏、无序和任意的感觉。

平面需要最活跃的想象力，同时也需要最严格的秩序。平面决定了一切。平面布置也正是决定性的时刻。平面的美不同于女性的漂亮脸蛋，而是一种严峻的抽象美；但它也不是枯燥的代数；当然数学家的工作无论如何仍然是人类精神的最高活动之一。

秩序是一种可以控制的节奏，可以平等地作用于任何人。平面本身具有决定性的基本节奏：根据其制定的法则，设计工作得以延伸和发展，遵循统一的法则，从简单到复杂。法则的统一是平面的法则：一个简单并可以无限复制的法则。

韵律是种平衡，它来自简单或复杂的对称或聪明的某种调整。韵律是一个公式：等式（如对称、重复）（埃及和印度教寺庙）；修正（对比与运动）（雅典卫城）；变换（在最初的造型上的发展）（圣索菲亚大教堂）。尽管目的是统一的，但个体的反应同样截然不同：韵律是一种平衡状态。从这里，发展出了这个丰富多彩而惊人的伟大时代，发展出了建筑法则而不是在装饰方面的多样性。

平面已经包含了感知的原则。

但这种平面的意义已经失去了一百年。建立在统计的基础上并通过计算导出的集体需求，将成为未来巨大的问题，所以平面的问题被重新提了出来。当你明白在城市布局中，需要灌输平面不可或缺的伟大观点时，你将进入一个尚未为人所知的时期。这些城市必须在其延伸中被构思和追溯，就像东方的寺庙以及路易十四时期的荣军院和凡尔赛宫一样。

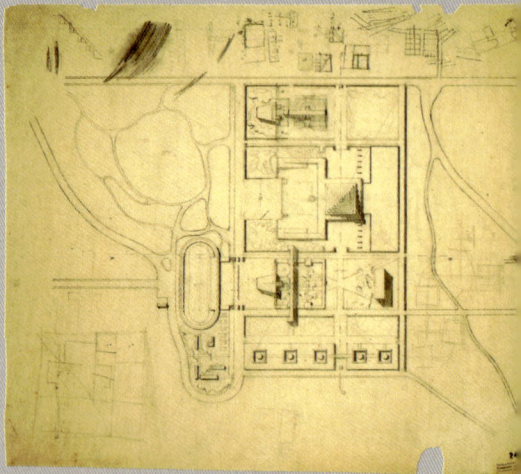

金融与建造技术——这个时代的技术精神准备完成这项任务。

在里昂的赫里特的鼓励下，托尼·戈涅设计了"工业城市"。它试图引入秩序并将功能性方案与造型设计相结合。统一的法则为城市的所有街区提供了相同的基本形式，并根据实际功能需要和建筑师迫切的诗意的需求来设计空间。除了对这个工业城市区域协调的评论之外，我们还受益于法则的结果。

在法则统治的地方，健康就会诞生。

《走向新建筑》，巴黎Cres出版社，1923年（本处为皮耶路易吉·塞里和皮耶路易吉·尼科林1973年的译本，米兰Longanesi出版社，15~39页）

雅典卫城

卫城山顶是块绝地，围合的台阶反复勾勒出的等高线环绕着那些神庙，参差的列柱直指云霄。沿着通往帕提农神庙道路的陡峭斜坡，山道深嵌在岩石里，形成了一道高坎。踏步是高度较大的大理石块，这成为向上攀爬的客观障碍。祭司们从前廊下面的小房间里走出来，臂膀和身侧感受着山脉周围的气息；他们所看到的是茫茫的地平线，扫过山门直到远处的大海。而远处的山脉则沉浸在浩荡的水中。

太阳沿着河口的中线，也就是神庙的脚下升起，描画着它的轨迹直到黄昏。傍晚，当温度积聚成热浪，它的圆盘摩挲着神庙视觉轴线上的大地。

这块皇冠般高耸的山体有种天赋，所有生命都无法与之相比。雅典卫城所处的高地是如此的孤独：没有其他平面、不与其他的土地相连。尚有一段距离，但你却没有时间准备好自己的思绪与心理，而陷入一种目瞪口呆的境地。

在历史的现实之外，这些神庙、这片大海、这些山脉，所有这些石头和这些水，即使只存在一小时，就像今天一样，都是一个创造性思维的无畏梦想！

日内瓦世界文化中心的平面设计图

真是太美妙了！

身体上的感知是扩张胸腔和不自觉的深呼吸。一种快乐推着你在光秃秃的岩石和没有了的古老铺地的路上行走。在欣喜若狂的喜悦之后，从密涅瓦神庙到埃雷特托神庙，再从那里走到山门。

在这个门廊的下方，可以看到帕提农神庙以其庄重高傲的体量，傲慢地支撑着水平楣梁，并与前方的和谐景观对立，像是一种自豪、光荣的肯定。

一些保存下来的各开间上部的楣饰描绘了敏捷的骑士群。我看到它们在高处，即使我的眼睛近视，但仍明显感到似乎我在触摸它们，其大小非常适合下面承托的墙壁。

正立面的八根柱子遵守同一法则。它们从地面上升起，似乎不是被放置的——相反它们是一段一段叠砌的——给人感觉它们是从土壤深处长出来的，似乎猛然间立起。与众不同的带有凹槽的柱身上升得如此之高，使得眼睛无法估量搁在柱头上的光滑的楣梁。在山墙角部雕刻装饰物和滴水之下，是朴素的槽石和一系列带有雕刻的小间壁，将观察的视线引向神庙的左侧，直到三角形山花墙的最远的柱子，只有此时人们才能一窥巨大的大理石棱柱的全貌。石柱从底部到顶部的切割，都具有明确的几何精度，这是现代机械师可以确保的质量。西侧山花的顶点定义了空间的中心点，与山脉、大海和太阳的交响之中，确定了规划的严谨性和方向，从而获得了姿态的意义。

我想我可以将这些大理石比作刚融化的铜，除了能够突出颜色之外，这种比较也是暗示着一种非凡的体量和不可否认的存在的耸人听闻般的爆炸。在这样一个密集的遗址前，它像一个深渊，甚至更深，在感知的灵魂和它所度量的精神之间。

《东游记》，巴黎，1910（译自R. Tamborrino的意大利文版《柯布西耶文字集》，都灵，2003，3-4页）

巴黎

我有很多朋友很讨厌巴黎，也讨厌任何大城市。但巴黎不是一座大城市，它实际上是一个绿洲；它清新、舒适、富裕、热情、巨大和首屈一指，亲密得就像在四月的空地里飞来的一只鸭子。

《给佩雷的信》，拉绍德封，1912年3月14日（译自R. Tamborrino的意大利版《柯布西耶文字集》，都灵，2003，前言的15页）

摄影师及作品

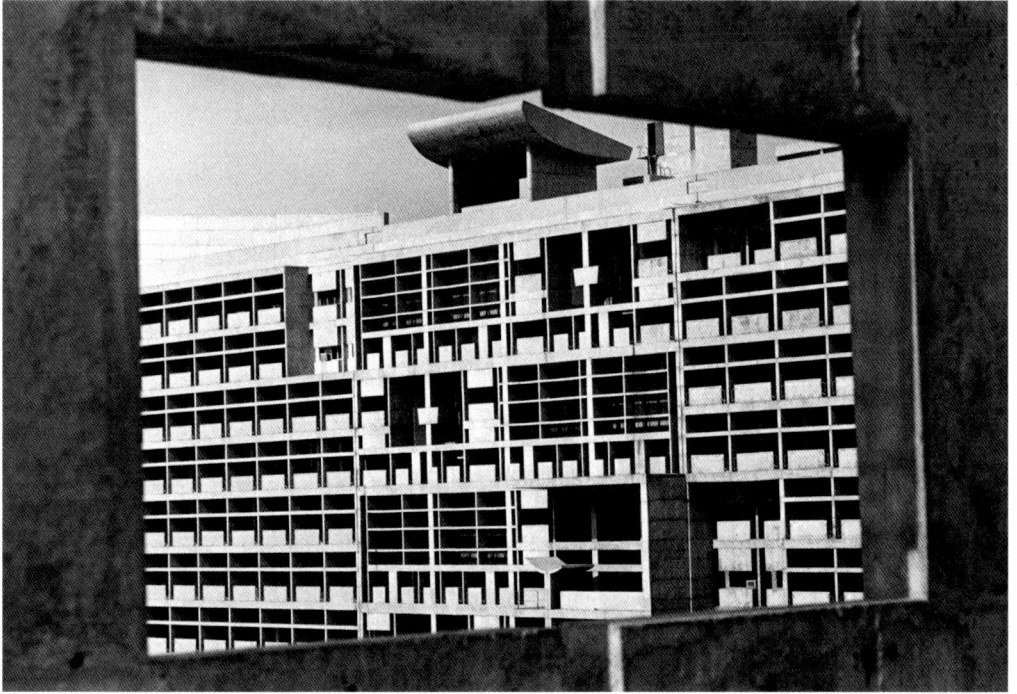

摄影师及作品

建筑评论

朗香：教堂、柯布西耶和理性主义的危机

作者：詹姆斯·斯特林（James Stireling）

屋顶轮廓的曲线反转了地形曲线，以同一的动感姿态，使设计具有一种戏剧化和逻辑必然性的表达。乍看起来就像突然看到自然元素的超自然组合——例如巨石阵的花岗石环或布列塔尼的支石墓。但是，建筑显示出极其空灵的品质，而非纪念性的特质。这首先是由于墙壁的模棱两可的特性造成的。涂抹石膏的抹灰是手工完成的，这层混合物的厚度约为5厘米。这种涂层给人一种失重的感觉，墙壁的外观类似于塑形纸。虽然屋顶和墙壁的曲率和伸展呈现不同的方向，但是带有面层的墙壁和素混凝土屋顶之间的材料差异保持了当地传统。南侧和东侧屋顶与墙壁也被一条20厘米（22.5厘米）的连续瓷砖带区分，虽然北侧和西侧的屋顶不可见，但它的轮廓是由栏杆的轮廓所暗示的。在朗香教堂和爱因斯坦天文台之间可以找到很多相似之处，天文台同样是非常规的，仅仅因为墙壁和屋顶合并成一个一体化的表达形式。

涂抹的粗糙墙皮既用于内部也用于外部；北墙和南墙上那些看似随意设置的洞口指向所有线索和所有的外向，特别像城堡之类防御工事的射孔。在西墙内，这些呈现一定角度张开的洞口，使得表面看起来呈现格栅的效果。通过这种方式过滤掉大部分日光的做法简直是太神奇了，于是呈现出一种漫射光的效果，因此，从信徒集会的位置来看，没有任何元素像巴洛克式教堂那样被直接照亮。

……为了呼应屋顶的凹曲线，混凝土的地板降低到祭坛的栏杆位置；祭坛的栏杆是一条长而弯曲的铅杆。教堂的各祭坛由预制混凝土砌块（骨料里可能添加有大理石）砌成，具有令人钦佩的精确度。所有这些都与施舍箱和旋转混凝土门一起，代表了法国建筑天才在使用这种材料时的非凡表现。靠近唱诗班楼梯的墙壁被涂成有宗教感的紫色，在开口垂直分叉上的涂层与紫色墙面连为一体，宽度约为8厘米，让人们想起地中海沿岸房屋彩色窗户的边缘。在主入口两侧粗糙表面的小区域涂有绿色和黄色，同样的颜色呼应着悬挂圣母像雕像的空间。唯一的大面积颜色用在了教堂的东北塔里，其整体都被涂成了红色，使得从顶部倾泻下来的光线让建筑表面具有反光墨水的亮度。三座高塔在一天中的不同时间接收阳光并将光倾注到祭坛上，实际上这是每个小礼拜堂的垂直延伸。

即使集会的人不多，其一流的声学设计仍然会产生共鸣，让人能够接收到大教堂空间的暗示，自然而然地进入小礼拜堂而且没有任何尴尬。作为一座宗教建筑，它完美地完成了其使命，而似乎完全被接受。事实上，勒·柯布西耶的战后建筑具有强烈的人气。马赛和朗香教堂的当地人似乎对他们的建筑感到非常自豪。回顾战前的冲突，很难确定这种变化是社会秩序，抑或是公众或勒·柯布西耶本人。加尔舍仍被人们怀疑，无论是因为其风格还是那里的人的生活方式。

可以看出，朗香教堂是一种"纯粹的诗歌表达"和古代仪式的象征，不应该根据现代运动的标准来评论。但是，如果我们记得这是欧洲最伟大的建筑师的作品，我们必须考虑这座建筑是否应该影响现代建筑的进程。一个重要的事实是，教堂对旅游的轰动效应和影响不会持续很长时间：一旦情绪消退，就没有什么能吸引知识分子的了，也没有什么需要分析或刺激的好奇心。

这种完全视觉上的迷幻，以及公众所缺乏思辨与智力的参与，可以部分解释它为什么这么容易就受到当地人的喜爱。

詹姆斯·斯特林，《勒·柯布西耶的教堂和现代主义的危机》，发表于《建筑评论》杂志1956年3月号，155~161页（本段由马西莫·博基奥拉译成意大利文）。

作者：朱里奥·卡罗·阿尔甘（Giulio Carlo Argan）

勒·柯布西耶（1887—1965）在建筑界就像毕加索一样，不仅是一位伟大的艺术家，而且是一位文化鼓动巨匠；一个取之不尽的思想源泉、一座灯塔。他是一位理论家、好斗和聪明的辩论家、不知疲倦的宣传家。作为建筑师和作家（他在当代艺术文学中占有一席之地），通过他的作品，他把城市规划和建筑问题作为20世纪文化的重大问题之一而展开讨论；虽然他的建筑作品似乎缺乏某些内在的、单一的连贯性。萨伏伊别墅和朗香教堂之间有什么关系呢？虽然勒·柯布西耶和毕加索一样，多次改变了风格，但这种关系仍然存在。而这种一致性就在于他的行为，首先在于最高意义上的政治：一种伟大的、开明的、雄韬大略的城市规划和建筑政策。

勒·柯布西耶宣称，其理性主义的基础是笛卡儿定义的；它发展于启蒙时代，成熟于卢梭。坐标的横轴就是世界，但对于勒·柯布西耶来说，世界文化的中心仍然是法国。他认为社会从根本上是健康的，并且与原始和不可抑制的性质有关：城市建筑师有责任为社会提供自然的，同时也是理性的存在；但却不阻止技术的发展，因为社会的本质和命运是进步。因此，他对工业没有原则的敌意：向资本家（他们自然不会假装听到）祈祷制造更少的大炮和更多的房屋就足够了。

艺术的形式是"精心提出问题"的逻辑结果：蒸汽机、飞机，其形状与功能完全一致，它们与帕提农神庙一样美丽。当然，提出的好问题应该是有所有数据的问题，并且其解决方案不应该是个未知的结果。通过将数据减少到共同因素，只剩下两类：一个是自然，另一个则是历史或文明。这是必须解决的等式，将看似矛盾的东西转化为一种对称性。由于纯粹理性领域不存在矛盾，因此在"物体－建构"与"物体－自然"之间、物体与空间之间不存在对立。它们是类似的存在，可以通过简单的比例关系相互缩放。勒·柯布西耶找到毕达哥拉斯般的公式，并用以衡量一切事物，那就是人类的尺度：模数。

建筑物不会想要去干扰开放的自然而把自己伪装成密封的体块，而自然也不会停在门槛上，它会进入房子。空间是连续的，形式必须适合自然空间，就像文明空间一样。勒·柯布西耶年轻的时候是一位画家（他的真名是让纳雷，他与欧岑方一起推出了纯粹主义的后立体主义宣言）；他对连续空间的概念完全来自立体主义，与他所折叠、交叉、渗透的东西不可分割。它既不是抽象的也不是形式主义的；空间的理想建构变成了建筑物的建筑材料。房子成为立柱上的悬浮体块，因此其下部流线没有了被大体量建筑物打断或被引导到令人窒息的隧道般的街道中的城市交通；进入建筑物内部街道的城市拥有商店和社区生活；公寓不再分层，而是以多层的方式相互粘在一起；平台上的花园，使得大自然真正进入了建筑物：这里有勒·柯布西耶投射到当前建筑物中的许多想法，但也是勒·柯布西耶从立体主义概念里演化出来的连续性、可塑性、实务性、空间的多向性和尺寸。柯布西耶将空间落到各种规模和尺度上，展开了他的实践。在城市尺度做了许多城市规划，有大量的详细设计或绘制草图的，或是位于马赛和南特（Nantes）的巨大"居住单元"，一种真正的城市住宅，结合了个人私密和"共同生活"的需求。在建筑尺度上，公共建筑或社会公租住宅、学校、博物馆、公寓、小住宅。在物品尺度上，比如朗香教堂，它真是一个完美的塑性物，一座露天雕塑；工业设计的金属家具。

勒·柯布西耶基本上是一个典型，就像毕加索一样：一切都以清晰的形式得以解决。这个之所以可以解决一切，是因为正确的形式是现实和意识的形式，同时也是自然和历史的形式。

G. C. 阿尔甘，现代艺术1770-1970，米兰：Sansoni 出版社，135-136页。

前言

作者: 皮耶路易吉·尼科林 (Pierluigi Nicolin)

勒·柯布西耶的天赋之一就是通过极端的抽象和专横的形式表现问题，进而准确地定义，从而避免其作品与文脉的关系或远或近的严肃考量。这一点以及其这种惊人的"只看平面覆盖范围以内"的能力，不断引起他同时代人的钦佩，尽管如此，他仍以其个人的判断作为设计的条件。因此，今天柯布西耶的发明仍然被解释为纯粹精神的创造，从建筑"跑道"开始的解决方案和"基本"事实；或者说，我们倾向于遵循他提出的众多建议和原则，即使是极其简单和指代不明的表述，例如纯粹主义者对"白"的直率追求或被误读的地中海民居而演化出的对西方理性主义的经典来源的重新发现一样。

另一方面，系统思维的一个特征正是从内部回路出现的。这是一种自主或独立的。正是这种系统性推动了原本十分平庸的建筑工作取得了巨大的成功，使其成为社会工程中巨大工作的主角。柯布西耶的座右铭是"建筑师–造物主"被创作出来。从建筑的异质性原则（应用理性和难以描述的艺术）开始，他找到了将自己置于其他时代的艺术天才的空间，成为第二个千年的米开朗琪罗。

同样的，从社会异质性原则（精英，群众）开始，他倾向于高估前者的作用。作为一个受限制的"艺术–知识"精英的一员，他希望与当权的政治精英有同样的权柄，对各时期的各种社会制度的施加无差的影响。

于是，他要求采用总统令的形式迫使企业家生产房屋而不是大炮。也因此，他的建筑在专制国家取得成功，这些国家的权利牢牢掌握在贵族资产阶级精英手中，如巴西和日本。

柯布西耶认为什么是理性，最终成为他的功能主义？理性的任务是建立一种客观适当的手段，并最终意识到这种适当性。在《走向新建筑》中，这是科学进程积极的方式，也包括经济方面。经济学法则，企业家的经济行为是关于目的性的理性行动的例子。科学发现应用于生产，包括泰勒主义，机械文明是一个理性和不可抗拒的法则。

结果不言而喻。但社会充满了非理性的残余，那知识分子的任务将是减少非逻辑行动的领域，开始论述那些复杂的论点；那些残余的部分，让人们可以接受其陈旧的感受。为此我们需要一种说服技巧和一种修辞：经过多次重复那清晰的口号。那些主张成为"宣言"。

皮耶路易吉·尼科林（P. Nicolin），意大利文版《走向新建筑》前言（勒·柯布西耶，《走向新建筑》，皮耶路易吉·塞里（P. Cerri）和皮耶路易吉·尼科林（P. Nicolin）译，米兰：Longanesi出版社，1973，Ⅶ–Ⅷ页）

勒·柯布西耶与新精神

作者：肯尼思·弗兰姆普敦（Kenneth Frampton）

勒·柯布西耶在20世纪建筑的演变中扮演了绝对奠基的角色，通过我们对其早年作品的详细考察，特别是因为他的作品的本质意义，只有在比较时才变得明显。他的第一所房子建于1905年，位于瑞士拉绍德封，当时他18岁，他的最后一件当地的作品建于1916年，一年后他移居到了巴黎。首先，有必要强调一下其原生的"阿尔比杰西"（albigesi）教派家庭与另外的加尔文教派的差别：摩尼教的世界观。这个教派几乎被人遗忘但一直存在，这可能是柯布西耶"辩证"心态的起源。我指的是无处不在的对立游戏——比如满与空、光明与黑暗、阿波罗和美杜莎——这种对比贯穿于他的建筑之中，并且是他的大多数理论著作中明显的思维方式。

弗兰姆普敦，《现代建筑史》，阿提里奥·普拉奇（A. Pracchi）译，博洛尼亚：Zanichelli出版社，1982，169页。

古代与现代

作者：弗朗切斯科·滕托里（Francesco Tentori）

1922年，当让纳雷启动一项能够容纳300万居民的城市规划时，他并不是一个不惜一切代价的创新者。除了城市规模和中央十字形摩天大楼外，它几乎是完美的。一个巴洛克式的平面，中心广场有四个相对的半圆形附属广场，从设计结构层次中，四个二级广场放置在从主广场中心45°角方向发散出去的连线上。

而且，正是在他声称城市革命尚未成功的那些年里，"光辉城市"方案由一个重复的基本单元体块（the redan：一种城墙中带有45°角突出的工事）构成。其建筑让人想起凡尔赛（Versailles）的立面，特别是两翼的做法，通过沿纵轴倾斜一排单元体块的简单做法，构成一系列交替的矩形和矩形广场。或者在倾斜和推动这些单元体块后，形成了一系列的现代广场：它们不对称并建在对角线轴向上。只有这些新广场的尺度超乎寻常。

巴洛克广场的主轴长度最少达到150-160米。在光辉城市中，我们可以看到达到或超过400米的尺度。为了获得更慢、更雄伟的重叠水平线，即使是通过整合双层立面的设计技巧，也可以看到那是巴洛克原型秩序在当代条件下的变体。我的意思是勒·柯布西耶一直都知道"所谓现代，一直有一颗古老的心"。通过建造，奥斯曼、哈德良或中世纪建筑的体量和空间所承载的，与最早的现代建筑和设备所承担的那些一样频繁：工厂、筒仓、冷却塔、蒸汽机、飞机。如果没有吸收巴黎当代教师阿梅代·欧赞方的先锋-革命暴力理论，我们很难断定后者是否会在不感到不道德的情况下存在。

弗朗切斯科·滕托里（F. Tentori），罗萨里奥·德西蒙尼（R. De Simone），勒·柯布西耶，罗马-巴里：Laterza出版社，1987，18-20页。

勒·柯布西耶和建筑的持续革命

作者：查尔斯·詹克斯（Charles Jencks）

　　尽管已经知道其无可否认的缺陷，但作为某种标志，他是一名伟大的建筑师的概念仍然给我留下印象的深刻。对于他穿插不同职业和激情的方式——建筑、写作和绘画，还有宇宙学、性和奇怪的友谊——我发现他比其他建筑师或其他有创造力的人物如毕加索更开放、人格上更完整；我已经说过，尽管他有一些显著的缺点，根据马克思的理论，他仍然可以与文艺复兴时期的巨匠进行良好的间接比较：即一个每天可以至少投身于三件不同事情的人。事实上，勒·柯布西耶至少从事了三种不同的职业：画家——特别是早上到下午一点钟；建筑师——大多在下午，直到大约晚上六点；晚上——作家，有时是一个健谈的人、一个好伴侣（他绝对不是一个好丈夫）。他是一个完整的男人，尽管也有像刘易斯·芒福德指责的那些缺点，单向诉说和傲慢……

　　由于这种复杂性，并且由于其多才多艺的气质，很多时候柯布西耶都让我着迷。朗香教堂陪伴了我很长时间；1975年，我认为他是后现代主义的先驱，后者支配和改变了建筑世界（不幸的是变得更糟）。朗香教堂非常隐喻，汇集了不同的语言和建筑规则。

　　为了获得夸张的形式，朗香教堂加入了某种反讽的手法，以传达复杂的信息以及历史和象征性的代码——所有这些都是被现代学院派所禁止的。与毕加索一样，勒·柯布西耶远远超出了他的追随者所理解的范围。就像文艺复兴时期早、中、晚期的建筑师米开朗琪罗一样，勒柯布西耶大步跨过每一个流派与风格，并穿越各风格的核心……

　　勒·柯布西耶占据了20世纪卓越建筑师的地位，不仅因为他体现了三个时期，而且因为他的艺术内容、他所传递出的信息。作为一个先知人物，他在面对20世纪时将基本能量置于危险之中，无论好坏。大规模生产、摧毁旧城市、媚俗的崛起、生态危机、社会住房，他的解决方案远非解决这些问题，甚至加剧了不止一个问题，就像先知经常发生的那样。与这些力量的比较，使他得出了我所认为的"悲剧态度"，这种倾向源于一生的努力，以调和一些矛盾和对立——思想和感觉、工业和艺术、科学和宗教———种基于二元哲学的努力。

詹克斯，《勒·柯布西耶和建筑的持续革命》，作者：玛丽亚·安东尼塔·克里帕（M. A. Crippa），米兰：Jaca Book 出版社，2002，9~11页。

参考文献

Après le cubisme (con A.Ozenfant), Editions des Commentaires, Parigi 1918.

Vers une architecture, Crès, Parigi 1923 (trad. it. *Verso un'architettura*, a cura di P. Cerri, P. Nicolini, Longanesi, Milano 1973).

Urbanisme, Crès, Parigi 1925 (trad. it. *Urbanistica*, a cura di A. Beltrami Raini, Il Saggiatore, Milano1967).

Quand les cathédrales étaient blanches, Plon, Parigi1937 (trad. it. *Quando le cattedrali erano bianche*, Faenza Editrice, Faenza 1975).

La Charte d'Athènes, Plon, Parigi 1943 (trad. it. *La Cartadi Atene*, a cura di C. De Roberto, Edizioni Comunità,Milano 1960).

Le Modulor, Editions de l'Architecture d'Aujourd'hui,Parigi 1950 (trad. it. *Le Modulor*, Mazzotta, Milano1974).

Le voyage d'Orient, Editions Forces Vives, Parigi 1966(trad. it. *Il viaggio d'Oriente*, Faenza Editrice, Faenza1973).

Le Corbusier Scritti, a cura di Rosa Tamborrino, Einaudi,Torino 2003.

J. Stirling, *Le Corbusier's Chapel and the Crisis of Modernism*, in "Architectural Review", marzo 1956,pp. 155-161.

M. Besset, *Le Corbusier*, Skira, Milano 1968.

G.C. Argan, *L'arte moderna 1770-1970*, Sansoni, Milano1970, pp. 133-153.

C. Jencks, *Le Corbusier and the tragic view of architecture*, Penguin Books, Londra 1973.

F. Tentori, *Vita e opere di Le Corbusier*, Laterza,Roma-Bari 1979.

K. Frampton, *Storia dell'architettura moderna*,a cura di A. Pracchi, Zanichelli, Bologna 1982.

H. Allen Brooks (a cura di), *Le Corbusier 1887-1965*,Electa, Milano 1987.

M. Gauthier, *Le Corbusier, biografia di un architetto*,Zanichelli, Bologna 1987.

F. Tentori, R. De Simone, *Le Corbusier*,Laterza,Roma-Bari 1987.

J. Lucan (a cura di), *Le Corbusier Enciclopedia*, Electa,Milano 1988.

C. Jencks, *Le Corbusier e la Rivoluzione Continua in Architettura*, a cura di M.A. Crippa, Jaca Book,Milano 2002.

著作权合同登记图字：01-2021-1593号

图书在版编目（CIP）数据

勒·柯布西耶/（意）斯泰法尼亚·苏玛编著；王
兵译. 一北京：中国建筑工业出版社，2021.8（2022.11重印）
（经典与新锐. 建筑大师专著系列）

书名原文：Le Corbusier

ISBN 978-7-112-26323-3

Ⅰ. ①勒…… Ⅱ. ①斯… ②王… Ⅲ. ①勒·柯布西耶
—生平事迹 Ⅳ. ①K835.656.16

中国版本图书馆CIP数据核字（2021）第135960号

Original title: **Le Corbusier**

Original Edition © 2020 24 Ore Cultura s.r.l. - via Monte Rosa, 91 - Milano
Simplified Chinese Copyright © 2021 China Architecture & Building Press

本书由意大利24小时出版社授权翻译出版

责任编辑：姚丹宁
书籍设计：张悟静　何　芳
营销策划：黎有为
责任校对：张惠雯

经典与新锐——建筑大师专著系列

勒·柯布西耶

LE CORBUSIER

【意】斯泰法尼亚·苏玛　编著

王　兵　译

杜军梅　校

＊

中国建筑工业出版社出版、发行（北京海淀三里河路9号）
各地新华书店、建筑书店经销
北京锋尚制版有限公司制版
北京富诚彩色印刷有限公司印刷

＊

开本：889毫米×1420毫米　1/32　印张：3¾　字数：170千字
2021年11月第一版　2022年11月第二次印刷
定价：78.00元
ISBN 978-7-112-26323-3
　　　（27578）

版权所有　翻印必究
如有印装质量问题，可寄本社图书出版中心退换
（邮政编码 100037）